LES
DÉLÉGUÉS MINEURS

PAR

ERNEST NIBAUT

INGÉNIEUR CIVIL

AUTEUR DE

CRITIQUE DE LA LOI MINIÈRE DE 1810

PRIX : 1 FR. 50

PARIS

LIBRAIRIE GUILLAUMIN ET Cie

14, rue Richelieu, 14

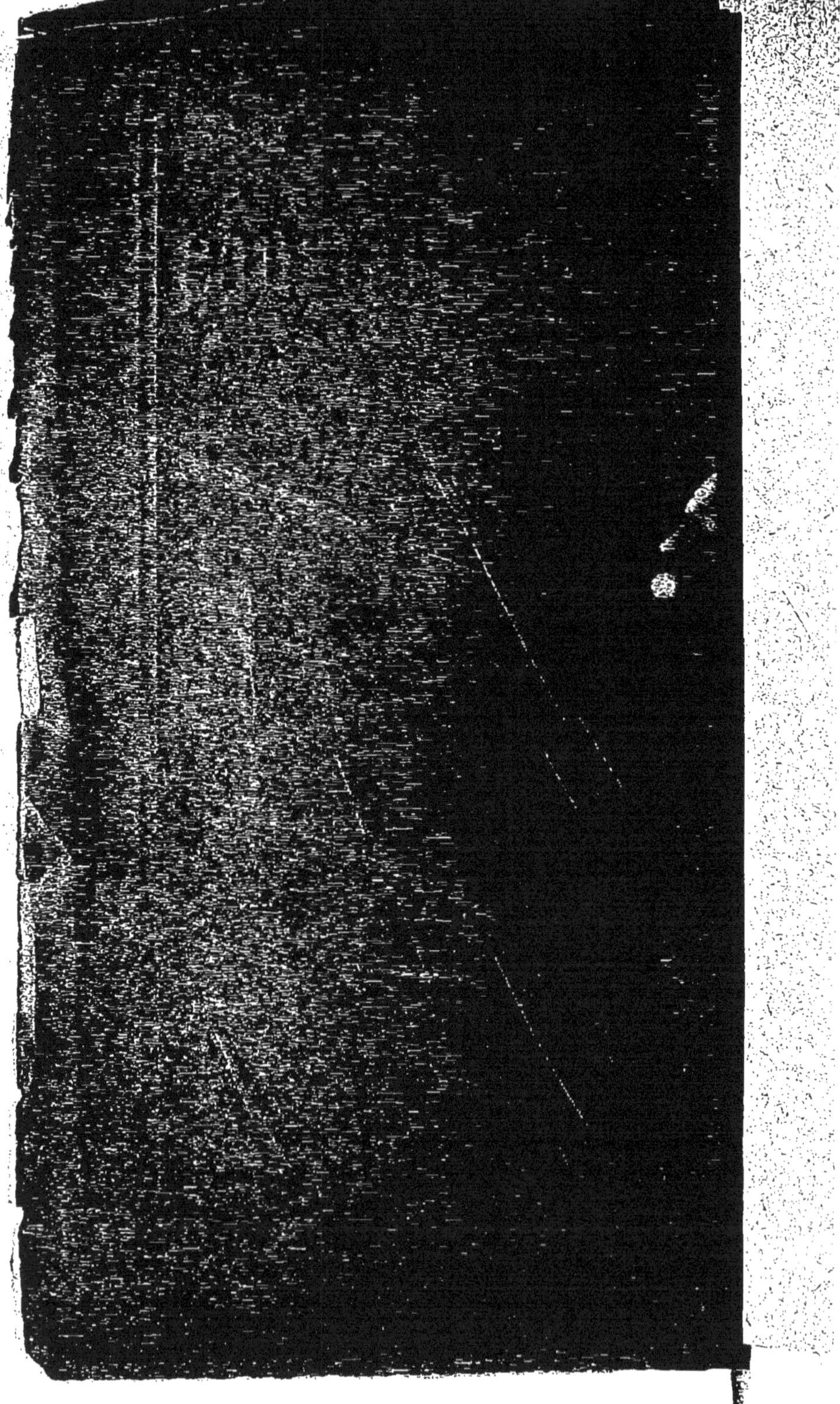

LES
DÉLÉGUÉS MINEURS

PAR

ERNEST NIBAUT

INGÉNIEUR CIVIL

AUTEUR DE

CRITIQUE DE LA LOI MINIÈRE DE 1810

PRIX : 1 FR. 50

PARIS

LIBRAIRIE GUILLAUMIN ET Cⁱᵒ

14, rue Richelieu, 14

DU MÊME AUTEUR

———

SOUS PRESSE

OBSERVATIONS CRITIQUES

DU

PROJET DE LOI BAÏHAUT

SUR LES MINES

LES
DÉLÉGUÉS MINEURS

OUVRAGES ET DOCUMENTS CONSULTÉS

L. Aguillon. Législation des mines. 3 vol. in-8°.

H. Conriot. L'industrie des mines devant le Parlement. Br. gr. in-8°.

E. Delecroix. Note sur la proposition de loi des délégués mineurs. Br. in-4°.

A. Desjardins. La mine et les mineurs. Br. in-8°.

E. Dupont. Observations soumises à la Commission parlementaire d'examen des propositions de loi relatives aux ouvriers mineurs, déc. 1883. Br. in-4°.

E. Dupont. Jurisprudence des mines. 2 vol. in-8°.

E. Vuillemin. Nouvelle carte des bassins houillers du Nord et du Pas de-Calais. 1 vol. in-18.

Journal officiel et documents officiels.

Observations présentées au nom des exploitants des mines diverses de la Loire, Nord, Pas-de-Calais. 4 br. in-4°, 1883, 1884, 1885, 1886.

Annales des mines. Administration, 7e série, t. II.

Tableau général du Commerce de la France, 1884. 1 vol. in-folio.

Imprimerie de Poissy — S. Lejay et Cie.

mois, notre *Critique sur la loi minière de 1810*, quelques journaux, le *Charbon*, le *Journal des mines*, le *Bulletin des mines*, le *Génie*, le *Moniteur général*, etc., etc., organes spéciaux des intérêts miniers et de nos intérêts industriels, ont bien voulu y consacrer quelques lignes. Nous ferons encore appel à leur critique, comme à des amis, car nous croyons que cette question des DÉLÉGUÉS MINEURS a besoin d'être connue, et étant connue, le bon sens public se prononcera contre elle ; chacun se dira, ce qui est vrai, en défendant la maison du voisin, je défends la mienne : qui sait, au train dont vont les choses, si demain on ne m'imposera pas, à moi aussi, un gardien qui sera plus maître que moi à mon foyer.

Nous croyons, nous, fermement, que c'est un péril national : que chacun examine la question ; c'est tout ce que nous demandons.

Septembre 1886,

PRÉFACE

Nous ne cherchons, en publiant l'opuscule objet de cette préface, ni la popularité, ni aucun intérêt personnel. Presque constamment à l'étranger, nous n'avons dans notre pays aucune attache ; mais nous pouvons juger, mieux peut-être qu'un autre, en voyant le discrédit où nous tombons peu à peu au dehors, combien notre chute s'accélère au point de vue politique, comme au point de vue industriel.

Nous sommes trop passionnément ignorant de la politique pour nous en préoccuper ; mais l'industrie nationale nous touche profondément, surtout en ce qui concerne les mines. C'est mû par cette pensée que nous essayons d'apporter notre pierre de résistance pour la consolider, cette pauvre industrie minière, que l'on veut saper par la base à l'aide de créations monstrueuses qui ne peuvent naître que dans des cerveaux mal équilibrés ou dans des âmes anti-françaises ne cherchant que la ruine de leur pays.

Nous n'avons pour nous que notre bonne volonté et un ardent amour de la patrie française. Fasse Dieu que cela soit suffisant pour prévenir un peu le mal que l'on médite ; pour aider les hommes de bonne volonté qui ne comprennent peut-être pas bien les résultats funestes qui découleront fatalement des innovations malencontreuses que l'on veut imposer à notre industrie extractive.

Que ceux qui aiment encore leur pays réfléchissent aux périls qu'il court. La création des DÉLÉGUÉS MINEURS est la main mise par les chambres syndicales sur la mine ; c'est le premier pas dans une voie fatale qui nous conduit au socialisme d'Etat, au despotisme le plus dur, pour arriver à une chute certaine comme prix de nos folies.

Voilà le gouffre, à chacun d'y apporter une pierre pour le combler.

Quand nous avons publié, il y a quelques

DÉLÉGUÉS MINEURS

PRÉAMBULE

Depuis quelques années, de nombreux projets se font jour pour venir modifier les lois en vigueur en ce qui concerne les mines et les ouvriers mineurs.

Nous ne citerons que ceux de la législation actuelle qui a hérité de la précédente :

M. Audiffred, 19 décembre 1885, *Caisse de secours et de retraite des ouvriers mineurs ;*

MM. Brousse, Clémenceau, etc., *Création de caisses de prévoyance ;* 13 novembre 1885.

Délégués mineurs, *Projet adopté par le Sénat en seconde lecture,* 23 décembre 1885.

M. Francis Laur, 14 décembre 1885, *Réorganisation du corps des mines ;*

M. Francis Laur, 14 février 1886, *Révision des lois de* 1810, 1838, 1840, 1852, etc.

M. Baïhaut, 25 mai 1886, *Révision des lois minières*.

Quoique nous considérions bien des choses dangereuses dans tous ces projets, nous n'en voulons prendre qu'un seul à partie, quant à aujourd'hui : lorsque le feu est à la maison, la première chose est de commencer à l'éteindre.

Notre critique ne portera donc, dans ces quelques lignes, que sur la *création de délégués mineurs*.

Heureux nous serions, si nos efforts pouvaient paralyser cette dangereuse innovation qui sera si préjudiciable au bon fonctionnement de nos houillères, et, encore que nous pensions échouer, nous croyons que c'est un devoir de bon citoyen et d'honnête homme que de faire ce qui est humainement possible pour signaler les graves inconvénients qui résulteront de cette création intempestive.

SITUATION MINIÈRE

Les mines et les ouvriers mineurs occupent aujourd'hui l'imagination populaire : c'est une question à l'ordre du jour : la grève de Decazeville ; les projets de loi sur les délégués mineurs, sur les prud'hommes mineurs, sur le rachat par l'Etat, sur la transformation complète de notre législation minière, préoccupent les uns, passionnent les autres.

La peste qui nous dévore, qui nous anéantit depuis quelques années, qui annihilera complètement, si nous n'y prenons garde, et notre génie et notre race, la politique, pour l'appeler par son nom, vient d'y installer son quartier général et d'en faire un champ de bataille à son usage.

La question minière est devenue une question politique : ce qui devait être une question d'affaire et d'administration par excellence ; ce qui devait se modifier avec lenteur et sagesse, afin de protéger nos intérêts les plus vitaux, est jeté en pâture à quelques ambitieux qui veulent s'en faire un piédestal pour pérorer en y cherchant une popularité d'un jour, qui sera bien funeste à nos intérêts miniers, ainsi qu'aux populations qui vivent de cette grande industrie.

Ce n'était guère le moment, cependant, de soulever d'aussi brûlantes questions ; ce n'était pas quand notre industrie est aux abois ; quand notre commerce périclite, qu'il convenait d'augmenter encore la crise industrielle et commerciale en compromettant chez nous une des principales branches de notre industrie extractive, nous qui en possédons si peu.

Nous sommes, grâce à notre législation minière, la dernière des nations au point de vue minier ; et le peu que nous possédons, la houille, va subir de telles entraves dans sa production, si nous poursuivons les errements que des politiciens ignorants et aveugles s'efforcent d'imposer à nos populations ouvrières, plus aveugles encore, mais excusables et qui, malheureusement, sont fatalement appelées à souffrir de toute la stérilité des novateurs imprudents qui n'ont d'autre but, sous le masque d'une amélioration d'une classe de travailleurs, que de se créer un nouveau tremplin de réclames électorales, sans soucis des maux qu'ils vont déchaîner sur les pauvres dupes trop confiantes qui les suivent.

Criminelles sont donc les mains qui conduisent cette entreprise funeste qui peut être la ruine du peu de mines que nous avons et des populations qui en vivent.

Notre situation minière est dans un état des plus précaires pour la houille et le fer et d'abandon complet pour les autres substances métallifères.

La preuve en ressortira du tableau suivant emprunté à la *Statistique minérale pour l'année 1884* :

MINES

	Productives	Improductives
Combustibles minéraux........	307	328
Mines de fer..............	77	224
Autres mines..............	53	246
Substances diverses..........	54	73

OUVRIERS EMPLOYÉS

Combustibles minéraux : houille, anthracite.	109.426
— — lignite............	4.307
Minerai de fer...........................	13 596
Autres substances métallifères	3.103
	130.432
Surface minière... ... Hectares........	1.091.582
Force employée........ Chevaux-vapeur.	82.275

PRODUITS MINÉRAUX

Houille........ .... Tonnes.	20.024.040
Lignite................................	496.390
Minerai de fer........	2 977.000
— de plomb et argent.....	7.992
— de cuivre.......	3.474
— de zinc........	2.795
— de manganèse..................	615
— d'antimoine sulfuré..............	2.108
— de pyrite.......................	34.475

VALEUR MINÉRALE

Combustibles minéraux .... Francs.	244.484.229
Minerais de fer.........................	12.828.045
Minerais autres que le fer...............	6.731.664
Sel gemme..............................	8.758.897
Total de la valeur minérale....	269.802.835

Importations

Commerce spécial.

MATIÈRES PREMIÈRES	Tonnes	Valeur. Fr.
Houille.................	9.836.000	140.785.047
Coke...................	1.228.000	22.009.682
Soufre brut............	63.833	7.340.884
— canons..........	4.905	882.977
— fleur............	3.443	655.304
		171.673.891

Minerai de fer.....	1.412.724	22.603.584
— de cuivre........	10.850	7.384.113
— de plomb........	7.692	961.586
— d'étain	464	162.584
— de zinc..........	30.993	2.014.545
— d'antimoine.......	218	21.823
— de manganèse.....	23.226	4.180.706
		37.328.941

MÉTAUX

Fonte.................	136.234	8.174.040
Fer...................	40.267	8.435.923
Acier	12.282	4.147.265
Ferraille.............	92.951	1.030.897
Cuivre	24.872	33.036.087
Plomb................	57.535	14.092.379
Étain.................	6.187	12.979.837
Zinc.................	39.739	13.168.585
Antimoine............	894	882.397
		95.947.410

On voit, comme conclusion, par les chiffres relatifs à l'exploitation de nos mines que nous n'a-
vons réellement qu'une seule branche importante
dans l'industrie extractive minérale, une des plus
grandes richesses d'un pays, c'est la houille, et
c'est sur elle que des hommes qui devraient être
les protecteurs nés de notre richesse minérale, et
cela dans un but inavouable la frappent à coups
redoublés par des innovations dangereuses qui ne
peuvent en amener que la stérilisation complète ;
alors que nos importations nous prouvent combien
nous aurions à faire pour nous suffire à nous-
mêmes, et combien de millions nous jetons cha-

que année à l'étranger : or, un pays n'est réellement riche et indépendant que quand il suffit par lui-même à sa consommation métallifère.

Nos importations nous enseignent que non seulement nous achetons à l'étranger un tiers de notre combustible minéral; mais encore presque tous nos minerais métallifères et nos métaux.

Dans le monde entier on extrait chaque année approximativement :

Valeur des métaux ....Fr.		3.240.259.400
»	du combustble minéral.........	2.935.205.000
»	autres substances diverses : métallifères et sels............	574.807.400
		6 750.271.800

Que nous sommes petits devant ces chiffres !

Puis quand on pense que notre extraction houillère atteint à peine vingt millions de tonnes, alors que notre consommation en absorbe plus de trente millions ; quand on envisage que nous payons à l'industrie rivale étrangère, chaque année, CENT CINQUANTE MILLIONS, rien que pour la houille, et CENT MILLIONS pour les métaux qui nous manquent, et que l'on voit des hommes assez insensés pour paralyser la production au lieu de faire tous leurs efforts pour l'augmenter ; on se prend à douter de tout, et l'on se dit qu'il y a quelque chose aussi incommensurable que la puissance de Dieu : la bêtise humaine.

Et cela pourquoi ? pour se créer des électeurs;

pour arriver au parlement ; pour faire baisser un peu plus le niveau intellectuel de cette noble assemblée qui obéit plutôt à des idées mesquines de dissensions stériles ou funestes que de se laisser inspirer par les grandes pensées nationales.

Hélas ! tout se tient dans la vie des peuples comme dans celle des individus : ce n'est pas en vain que l'on soulève des questions que condamne le bon sens ; et, ceux-là mêmes qui s'en servent, au profit de leurs passions, au préjudice de la production et de la richesse nationale, ne récolteront que néant de leur popularité et de leur ambition ; mais qu'il est dangereux pour une nation que ces hommes qui n'ont pas la pratique des choses, ne les connaissant pas, puissent venir tout bouleverser, sans pouvoir rien fonder : forts pour la destruction, stériles pour toute réorganisation, ils sont comme le châtiment de ceux qui ont mis en eux leur espoir, ne semant sur leur route que ruine et misère.

Malheureusement les populations ouvrières, dans leur naïve confiance en des mots sonores qui cachent le vide de toute conception ; dans leur ignorance de toute idée d'économie politique, ce qui les laisse la proie du premier intrigant venu qui flatte leurs passions en leur présentant comme possibles des utopies irréalisables, tenus que nous sommes tous par les liens étroits de solidarité et de lutte, non plus avec un pays, mais avec le monde entier, se laisseront

toujours prendre aux boniments, si invraisembla-
bles soient-ils.

LES MINEURS

Les ouvriers mineurs sont les héros du jour :
on les plaint, on s'apitoie sur leur sort ; on les
imagine perdus au fond des entrailles de la terre,
disputant leur vie à tous les fléaux de ces hideu-
ses ténèbres ; il semble qu'ils sont des forçats
dont les ingénieurs sont les gardes-chiourmes et
les porions les argousins ; de pauvres êtres con-
damnés à la géhenne pour le plus grand bien de
l'humanité qui, seule, en retire un profit, pendant qu'eux n'ont en partage que le martyre et
la mort.

Il faut cependant réagir contre ces mouvements
aussi sentimentaux qu'irréfléchis et peu réels. Si
l'on veut aller au fond des choses le mineur n'est
pas plus malheureux que le marin, le couvreur,
le laboureur, le charpentier et, ajoutons, pour
ceux qui l'ignorent, *il ne court pas de plus grands
périls, il en court même de moindres.*

Cette auréole qu'on lui met au front est usur-
pée. Il y a des accidents dans les mines comme il
y en a sur terre et sur mer ; et si nous en croyons
la statistique, dans beaucoup de professions,
autres que celle du mineur, il y en a même plus.

1.

Un statisticien anglais, comparant la mortalité des mineurs avec les autres corps d'état, arrive aux résultats suivants :

	Décès par 1,000 vivants.
Cultivateurs	1.2
Cordonniers, tisserands	1.5
Epiciers	1.6
Serruriers, charpentiers	1.7
MINEURS	2.0
Boulangers	2.1
Bouchers	2.3
Débitants de spiritueux	2.6

Et entre mineurs, le plus en péril n'est pas le houilleur que l'on s'imagine exposé à tous les feux de terre, mais bien le mineur métallifère ; ainsi qu'il résulte des chiffres ci-dessous :

Nature des minerais extraits.	Mortalité moyenne des mineurs de 25 à 65 ans sur 1,000 vivants.
Fer	1.80
Houille	1.82
Etain	1.99
Plomb	2.50
Cuivre	3.17

Enfin, si nous comparons les accidents mortels arrivés chez nous avec ceux des nations voisines, nous avons :

	Ouvriers tués sur 1,000.
Saxe	3.39
Prusse	2.90
Belgique (Hainaut)	2.38
Angleterre	2.18
Autriche	2.11
France	2.07

Les statistiques comparées des employés de chemin de fer et de la marine marchande avec les mines donnent encore des chiffres plus éloquents :

Marine marchande..	1 tué	sur	109
Chemins de fer....	1 »	»	364
» »	1 blessé	»	47
Mines	1 tué	»	449
»	1 blessé	»	72

Les chiffres ci-dessus établissent d'une façon victorieuse que le métier de mineur n'est pas le plus périlleux.

D'ailleurs, s'il n'en était pas ainsi, s'il n'offrait pas des avantages réels, il ne pourrait pas se recruter ; or, ce ne sont pas les ouvriers qui manquent; ce sont les emplois. L'ouvrier mineur aime son travail ; il aime sa mine, il y est à l'aise, il y est chez lui. Là il n'est pas emprunté comme sur terre. Il y travaille avec beaucoup plus d'entrain et de satisfaction qu'à un travail quelconque au soleil : il a la nostralgie de la mine, comme le marin de la mer, comme l'agriculteur de ses champs et de ses récoltes.

Combien de fois ne leur avons-nous pas entendu dire, en France comme en Espagne ou en Italie : Oh! monsieur, allons-nous donc pouvoir redescendre bientôt ? Va-t-on enfin reprendre les travaux? J'aime bien mieux travailler là-bas en dessous que sous le soleil qui brûle.

Ainsi donc, rentrons dans la vie réelle, et laissons le côté romanesque et menteur de la question, consistant à montrer le mineur comme un martyr : c'est un ouvrier comme un autre, exposé à des dangers comme tous les ouvriers, mais ni plus dangereux ni plus nombreux; faisant son métier de son libre arbitre et l'aimant.

Voilà la vérité.

Nous ne sommes plus au temps où les prisonniers de guerre, les esclaves et les forçats étaient envoyés aux mines pour y mourir. Tous les moyens de sécurité sont employés ; et, en fait, ainsi que nous l'avons démontré, le mineur ne court pas plus de dangers, et même moins, que le charpentier ou le couvreur, le marin ou l'employé de chemins de fer.

Donc, laissons la légende dormir : elle ne peut plus être utile qu'aux romanciers pour impressionner leurs sensibles lectrices ou troubler le sommeil des enfants.

SALAIRES ET STATISTIQUE

Est-il une industrie en France qui favorise autant ses travailleurs que celle des mines? Non seulement les salaires y sont plus élevés que dans toutes les autres industries; mais encore plus élevés que dans les différents pays européens.

Autrefois, l'ouvrier anglais était le plus payé; anjourd'hui il n'arrive qu'au second rang.

	Salaires moyens.
Français	3.76
Anglais	3.74
Belge	3.00
Saxon	2.22
Prussien	2.08

Si les salaires sont les plus élevés, cela n'empêche pas les exploitants d'aider leurs travailleurs, de leur faciliter l'établissement de caisses de retraite, de caisses de prévoyance, de leur bâtir des maisons, d'instruire leurs enfants.

Aujourd'hui, en France, les sacrifices que les compagnies s'imposent en faveur de leurs ouvriers grèvent la production de 50 à 60 centimes par tonne; or, la production étant de vingt millions de tonnes, c'est donc, de ce chef, un sacrifice de dix à treize millions généreusement prélevés sur les bénéfices en dehors des salaires; et cette allocation, à titre gracieux, représente 25 à 30 p. 100 des bénéfices des entreprises : où est l'industrie française ou étrangère qui s'impose de semblables sacrifices?

On parle toujours des immenses bénéfices réalisés par les mines; mais réfléchissons que, pour une exploitation qui vit et prospère, il y en a quatre qui se ruinent ou se sont ruinées; que cette industrie est exposée à de grandes chances aléatoires; qu'elle n'est jamais assurée du lendemain ; qu'elle a à vaincre des difficultés de toute nature.

Le prix de revient, chez nous, est plus élevé qu'à l'étranger, et notre prix de vente en subit la conséquence forcée.

En Prusse, une tonne de
houille vaut . . . .   6 08 et même 4 fr.
    En Belgique. 9 70
    En Angleterre. 10 56
    En France. 12 36

L'élévation de nos prix de revient a ses causes dans la moindre richesse de nos gîtes, leur plus grande profondeur, la difficulté d'extraction, la faiblesse des couches exploitées, le salaire plus plus élevé.

Cette dernière cause affecte aujourd'hui toutes nos industries et en a ruiné beaucoup.

Quelques chiffres feront saisir facilement
toutes les difficultés que notre industrie houillère a à surmonter.

	Tonnes.
En Angleterre , la production par homme-année est de	428
En Prusse	346
En France	265
En Belgique	221

Quant à l'élévation des salaires, qui a causé en
France tant de maux irréparables à notre production nationale, elle provient des exigences
de nos ouvriers ; mais qu'ils le veuillent ou non,
ils seront obligés de lutter contre les ouvriers
étrangers parce que notre industrie est mise en
infériorité par cette même élévation, et qu'elle
nc poura se relever que quand les salaires se re-
leveront chez les nations voisines au même taux
que chez nous.

Nos députés, ceux qui fomentent les grèves et
en sont les généraux en chef, qui réclament avec
tant de bruit l'amélioration, l'émancipation de la
classe ouvrière, l'élévation des salaires, ont-ils
réfléchi quelquefois qu'ils ont entre les mains le
moyen de procéder dans leur pays à cette élévation sans ruiner l'industrie ? C'est de protéger
notre production par des lois prohibitives : l'un
est la conséquence de l'autre, ou laisser les salaires baisser jusqu'au niveau des salaires étran-

gers, ou les protéger de la différence qui les sépare. Alors l'ouvrier français, défendu par une ligne de douanes, pourra voir ses salaires s'élever sans amener, comme conséquence fatale, l'amoindrissement de l'industrie nationale ; mais justement ces fomentateurs de grèves sont libres-échangistes autant que libres-penseurs ; leur cœur est si vaste qu'ils y mettent les ouvriers du monde entier, sans oublier les consommateurs. Ne criez pas à l'absurde ; non, c'est un art qu'ils ont élevé à la hauteur d'un principe : l'art de pétrir la masse électorale.

Le prix de revient était en 1867, dans le bassin de Saint-Étienne de 8 fr. 45 et de 9 fr. 57 dans le Pas-de-Calais ; or, sur cette dernière somme, 6 fr. 38 étaient donnés aux ouvriers comme salaire, soit 67 p. 100 de la dépense totale ; depuis lors, ces chiffres n'ont pas sensiblement changé.

En les prenant comme base, les compagnies houillères distribuent donc, bon an mal an, 127 millions comme salaire, sans compter 12 à 13 millions qu'elles donnent à titre gracieux, elles qui n'ont que 37 millions de bénéfice.

Malgré les efforts faits, nous sommes, ainsi que nous l'avons déjà dit, d'un tiers au-dessous de notre consommation et nous achetons 150 millions de houille à l'étranger. Voilà ce que chaque Français ne devrait jamais oublier.

Il faut donc encourager cette industrie primordiale, elle qui donne le pain à toutes les indus-

tries, et, au lieu de décourager les hommes émi-
nents auxquels le pays est redevable d'une
semblable création et d'un tel accroissement de la
fortune nationale, il faut au contraire les soutenir, les aider, faciliter leur tâche; car n'oublions
pas que l'industrie moderne est un immense
champ de bataille où la défaite se paiera par tous
les maux qu'engendre la ruine ; mais le jour où
les hommes à courte vue qui nous gouvernent
s'en apercevront, il sera trop tard, le mal sera
sans remède, et des milliers d'êtres inconscients
et innocents paieront leur vaniteuse ignorance de
tourments infinis aboutissant à la ruine, à la misère et à la mort : le pays dépeuplé, anéanti, sera
la proie des races victorieuses, car ne nous dissi-
mulons pas qu'aujourd'hui la lutte n'est plus de
peuple à peuple, mais de race à race, et que
celle qui aura l'avantage sera impitoyable à la
race vaincue.

N'allez pas crier à l'exagération, tout s'en-
chaîne : l'espionnage des mines, car nous ne
pouvons qualifier autrement le projet de loi qui
nous occupe, par l'administration, au profit de
l'ingérence du député ne s'arrêtera pas aux
mines. La métallurgie occupe soixante à quatre-
vingt mille ouvriers ; les chemins de fer deux cent
mille, et tant d'autres grandes industries. On fo-
mentera des dissensions, on excitera des grèves
et une des conditions d'apaisement sera la création d'ouvriers inspecteurs.

C'est une pente : ou il faut courageusement l'enrayer en la supprimant, ou il faut en subir les conséquences et nous laisser glisser au bas.

En industrie, il n'y a pas d'alliance, c'est la lutte sans trève ni merci ; malheur donc au pays qui ne sait pas se défendre, car il périra par l'absorption dans une race plus vivace, plus énergique, moins idéale, moins belle, sans doute, moins bonne, moins généreuse au point de vue moral ; mais bien supérieur au point de vue physique et pratique.

Nous ne défendons pas ici les compagnies houillères ; elles qui ont su créer une industrie si importante qui représente plus d'un milliard, elles ont pour les défendre des hommes d'un talent incontestable, d'une haute capacité et qui certes ne failliront pas à cette tâche.

Ce que nous défendons c'est une partie du domaine national que des rêveurs, des idéologues ou des intrigants veulent compromettre ; nous la défendons comme nous avons défendu naguère les compagnies de chemins de fer lorsque des hommes, aussi aveugles que ceux d'aujourd'hui, voulurent les faire absorber par l'État au grand préjudice de tous.

Au point de vue des intérêts généraux, ne vaut-il pas mieux que le milliard ou le milliard et demi, que représente cette vaste industrie houillère, fructifie chez nous que de passer la frontière pour aller développer des industries rivales ou lointaines, emportant avec lui une partie de la richesse nationale, ainsi que le pain et le bien-être d'une population si aveugle sur ses propres intérêts, qu'elle commet la faute de vouloir attenter à ce capital sans lequel on ne peut rien faire : rouage aussi indispensable à l'industrie que l'air à l'homme.

Tous ces rhéteurs de bas étage, professeurs d'économie politique en chambre, commis-voyageurs pour grèves et autres articles du même genre, auront beau crier à tous les coins de l'horizon contre lui ; le jour où il disparaîtrait, il n'y aurait plus que souffrance et misère.

Dans notre industrie moderne lui seul peut tout vivifier, sans lui on ne peut rien édifier, tout reste stérile. L'homme aujourd'hui, livré à lui seul, est réduit à néant, quelles que soient d'ailleurs sa capacité et son intelligence : le capital est une des forces vives de la nation, y porter atteinte ou l'amoindrir dans son expansion est donc œuvre de vandalisme anti-national.

DÉLÉGUÉS MINEURS ANGLAIS

Nous allons toujours emprunter maintenant nos projets de loi chez nos voisins, tantôt nous passons la Manche, tantôt nous allons de l'autre côté du Rhin, quelquefois nous traversons l'Atlantique ; mais, avec la légèreté qui nous caractérise, nous ne cherchons ni le pourquoi de cette création, qui nous préoccupe un instant pour les calquer, ni le milieu où elle doit s'exercer, ni son utilité, ni ses causes et encore moins ses effets.

Une fraction turbulente de la masse électorale désire-t-elle la réalisation de quelque utopie, immédiatement nos gouvernants répondent : Amen ! sans voir où cela les conduit eux-mêmes. Qu'importe l'utilité ou la nécessité d'une réforme, qu'importe le génie national, qu'importe les vieilles traditions qui ont aidé notre race à tracer un sillon glorieux dans l'histoire : tout cela importe peu. Ce qu'il faut, c'est plaire à un maître exigeant qui tient de temps en temps notre destinée dans ses mains et qui nous envoie au Palais-Bourbon ou nous laisse moisir dans notre petite ville avec notre nullité.

Que l'on ne dise pas que nous exagérons. Le principal argument en faveur de la création des délégués mineurs mis en avant par l'honorable rapporteur de la Chambre des députés, en 1883, c'est que cela plaît aux ouvriers, et ne trouvant pas une argumentation assez solide pour justifier une semblable création, il s'appuie sur ce qu'elle existe en Angleterre et qu'elle y fonctionne à la satisfaction de ceux qu'elle doit défendre.

Examinons donc la loi anglaise.

Il nous faut d'abord constater, si nous voulons établir une comparaison sérieuse, l'immense différence qu'il y a entre l'Angleterre et la France au point de vue minier.

En Angleterre, il n'y a pas de lois spéciales sur la propriété minière ; elle n'est point une propriété particulière et distincte comme chez nous, encore qu'elle procède du droit régalien qui n'a plus de trace que dans une redevance connue sous le nom de *royalty*, sanctionnant un droit que peuvent avoir sur les richesses tréfoncières ceux qui la possèdent ; la propriété était donc partagée autrefois en deux fractions, la surface et le tréfonds représenté par la *royalty*.

En général, aujourd'hui, les propriétaires fonciers, maîtres du fonds et du tréfonds, peuvent ouvrir des mines dans leur terrain sans concession spéciale de la part de l'Etat, *et presque sans son contrôle*. Au lieu d'exploiter par eux-mêmes le plus souvent, ils afferment leur terrain pour une durée de vingt-un à quatre-vingt dix-neuf ans à des compagnies qui se chargent des exploitations minières moyennant un loyer souvent fort onéreux.

Le rôle de l'Etat, en Angleterre, en matière de mine, est à peu près nul. Le gouvernement n'a jamais été investi, si ce n'est dans ces derniers temps, d'aucun droit de tutelle, *pas même de la surveillance sur les mines.*

C'est en 1842 que le gouvernement anglais a fait un premier essai de réglementation qui ne concernait d'ailleurs que les personnes que l'on admettait dans les galeries souterraines.

En 1850, à la suite de nombreux accidents, un système d'inspection fut organisé pour assurer, d'une manière plus ou moins efficace, la sécurité des travailleurs.

Les inspecteurs ne pouvaient d'ailleurs qu'ordonner aux exploitants de prendre les mesures nécessaires, sans pouvoir même, en cas d'urgence ou de péril imminent, les faire faire par eux-mêmes.

L'inspecteur anglais avait *donc un rôle passif;* il constatait et observait.

En cas d'accidents, la législation anglaise n'est pas plus répressive qu'elle n'est préventive : les délits étant du ressort du jury, et les jurés étant choisis parmi les habitants des environs, tous dépendant du maître de la mine, assurent son impunité.

C'est dans ces circonstances et dans ce milieu tout spécial, complètement différent de ce qui se passe chez nous, que prend naissance la loi du 10 août 1872, qui est le premier règlement anglais sur les mines. Il permet l'inspection de la mine *par* et *pour* le compte des ouvriers.

L'article 51, § 30, dispose : « Les ouvriers employés dans une mine *pourront* de temps en temps, désigner deux d'entre eux pour faire, *à leurs frais*, l'inspection de la mine. »

« Ceux qui seront désignés *seront libres*, au moins une fois par mois, de parcourir toutes les parties de la mine, d'inspecter les puits, niveaux, plans inclinés, chantiers, galeries de retour d'air, appareils d'aérage, vieux travaux, mécanismes. »

« Le propriétaire, gérant ou directeur, s'il le juge à propos, les accompagnera lui-même ou les fera accompagner par un ou plusieurs employés de la mine. Toute facilité leur sera donnée par le propriétaire, gérant ou directeur, et par tout le personnel de la mine pour qu'ils puissent remplir l'objet de leur inspection. »

« Ils feront un compte rendu sincère des résultats de leur inspection ; ce rapport sera inscrit sur un registre tenu sur la mine à cet effet, et sera signé par ceux qui l'auront fait. »

§ 31. — « Les registres dont il est fait mention dans le précédent article, ou une copie de ces registres, seront conservés au bureau de la mine. »

« Tout inspecteur agissant en vertu de cette présente loi, et toute personne employée dans la mine, pourront, toutefois que de raison, examiner ce registre et en prendre des copies ou des extraits. »

Voilà les deux articles fondamentaux sur lesquels repose la création des délégués mineurs anglais. Nous signalerons immédiatement le caractère facultatif qu'elle offre dans toutes ses parties : *ce n'est pas une obligation, mais la faculté de faire.*

Cette loi d'ailleurs qui n'avait au fond aucune sanction pénale ne pouvait que tomber en désuétude immédiatement après sa création. Quel effet pouvait-elle produire ? Un abandon général de la mine par le personnel ouvrier, si le péril était imminent, car rien ne pouvait contraindre l'exploitant à faire un travail quelconque de préservation.

Bien plus, par une pratique usuelle de la Grande-Bretagne, un ouvrier blessé dans l'accomplissement ds sa tâche ne peut formuler une demande de dommages-intérêts contre son patron qu'en établissant *le fait personnel* du chef d'industrie, cause indéniable de l'accident dont il a été victime. Or, un éboulement, une inflammation de grisou, une explosion de mine ou une rupture de câble peuvent-ils jamais être le fait personnel du patron ? Donc aucune indemnité ne peut être réclamée.

Dans ces conditions, la législation anglaise devait dire aux ouvriers qu'elle ne protégeait pas : protégez-vous vous-mêmes, examinez les travaux, visitez les machines, en un mot, constatez les conditions dans lesquelles vous travaillez.

Le 7 septembre 1880, la situation est profondément modifiée entre patrons et ouvriers auxquels une nouvelle loi donne, dans certains cas déterminés, droit à une indemnité quand ils sont victimes d'un accident : c'est lorsqu'ils peuvent démontrer une défectuosité des chemins, voies ferrées, chantiers, machines, ou la négligence de celui qui les commandait hiérarchiquement et auquel ils sont obligés d'obéir ; mais par réciproque tout droit à une indemnité tombe, et ils en sont déchus, si l'on peut établir qu'ils avaient connaissance du mauvais état des voies de communication ou des appareils et qu'ils n'ont pas signalé au patron ou à ses représentants ce mauvais état de choses.

Dans ces conditions, le délégué ouvrier devient un danger pour ceux qui le nomment; car si, après sa visite, il constate au procès-verbal le bon état de la mine, des voies de communication, des machines ; s'il survient un accident, comment démontrer que tout était en mauvais état ? Bien plus, on prouvera toujours contre lui qu'il avait connaissance de ce déplorable état de choses et qu'il avait le temps de prévenir le maître de la mine ou ses représentants.

En Angleterre, la proposition est donc retournée : ce sont les propriétaires miniers qui ont le plus grand intérêt à la nomination des délégués ouvriers mineurs, et ceux-ci, au contraire, ont tout intérêt à esquiver cette nomination qui, pour eux, est pleine de périls.

Voilà où en est la question en Angleterre. C'est quand elle est tombée en désuétude, comme inefficace et inutile, que nous allons la relever à notre profit en lui donnant un caractère absolu,

de facultatif qu'il était chez nos voisins ; car en
France il faut toujours opprimer : c'est le fond du
caractère national : on déteste respecter l'indépendance chez autrui, il faut réglementer envers
et contre tous.

DÉLÉGUÉS MINEURS FRANÇAIS

Contrairement à ce qui existe en Angleterre,
dans notre pays les mines forment une propriété
distincte de la surface : cette propriété est
perpétuelle, *transmissible* et *inviolable*. Elle a
donc tous les caractères qui constituent la
propriété.

Il est utile de rappeler cela dans un temps où
tout est contesté et où l'on cherche un biais pour
faire rentrer les mines dans le domaine de l'Etat
pour les distribuer sans doute aux frères et
amis ou essayer cette décevante utopie : LA MINE
AUX MINEURS.

Si le gouvernement a octroyé la mine au plus
grand profit de tous, il s'est réservé la surveillance
de l'exploitation, comme il l'a en toutes choses ;
c'est-à-dire la surveillance de police. Cette surveillance de l'administration prend sa source dans
la loi minière du 21 avril 1810, aux article 47, 48,
49, 50 ; mais c'est surtout le décret — loi du
3 janvier 1813 qui est le réel règlement de police

de l'exploitation des mines, organisant les mesures propres à prévenir les accidents des personnes et disposant des mesures à prendre lorsqu'ils sont malheureusement arrivés; puis ensuite une foule de décrets et circulaires, jusqu'à celle du 25 septembre 1882, obstruent le chemin.

La surveillance des mines n'a jamais eu pour objet que :

1° La conservation de la mine ; ce qui se rapporte à l'usage de la mine dans l'exploitation de ses gisements qui est libre sauf certaines restrictions déterminées, qui s'appliquent à la direction et à l'exécution des travaux ; ce que l'on appelle les règles de l'art, et dont l'exécution est confiée au corps des mines ;

2° Protection de la surface ;

3° Protection du personnel pour éviter les accidents dont il peut être victime.

Ce n'est que pour la protection du personnel occupé dans la mine que l'administration se trouve réellement armée de pleins pouvoirs, sans aucune restriction légale. Il faut que la vie des ouvriers soit menacée pour justifier son intervention qui ne peut avoir lieu qu'au point de vue de l'intérêt général ; aussi ne peut-elle intervenir quand il s'agit de mesures qui ne touchent que l'intérêt privé.

Elle agit là, non parce qu'il y a concession d'Etat, comme on tend tous les jours à l'établir, afin de fausser l'opinion publique ; mais comme règlement de police, ainsi qu'elle le fait pour les carrières, les minières, les usines, les chemins de fer, la grande et petite voirie.

Pour exercer cette surveillance, le préfet a sous ses ordres l'ingénieur ordinaire, relevant de l'ingénieur en chef, et ayant pour subordonnés les gardes-mines.

D'un autre côté, en cas d'accidents, le commissaire de police, la gendarmerie et le parquet informent, font des enquêtes, afin de déterminer à qui incombe, autant que faire se peut, les responsabilités.

Ainsi donc, dans nos mines, protection administrative et protection judiciaire ; la protection administrative est surtout préventive ; la judiciaire répressive.

Il serait peu conforme aux faits de passer sous silence la surveillance qu'exerce l'exploitation de la mine, laquelle est incessante. Sous les ordres de l'ingénieur, il y a les contre-maîtres et les porions qui vivent constamment avec les ouvriers, partagent leur fatigue et leurs dangers ; et cette protection est la plus efficace, d'abord parce que chez nous tous les ingénieurs sont dévoués corps et âme à leur personnel, on en a pour preuve leur admirable conduite en cas de désastre ; puis enfin il y a un immense intérêt à sauvegarder ; car un accident, après celui des personnes, se chiffre toujours par des pertes et souvent énormes.

On voit combien est différente la situation fran-

çaise au point de vue de la sécurité dans l'exploi·
tation des mines de celle de l'Angleterre. Quand
les ouvriers anglais songèrent à réclamer le contrôle
d'un des leurs pour assurer leur sécurité, création à laquelle ils n'ont pas tardé à renoncer :
chez eux, tout était abandon ; chez nous, au contraire, tout est vigilance.

Aussi doit-on s'étonner grandement de l'idée
de la création des délégués mineurs. Cette idée a
pris naissance dans les chambres syndicales de
Saint-Etienne, si nous en croyons leur *Cahier des
doléances* ; et, cependant, dans ce pays, en 1848,
on avait eu sous les yeux l'exemple des *présidents
de puits*, qui furent nommés dans chaque puits
par les ouvriers mineurs. C'était une simple innovation privée de toute sanction officielle, ré-
prouvée même par les agents du gouvernement.
Cette institution, qui n'avait d'ailleurs rien à voir
avec l'administration intérieure de la mine, tomba
bientôt en désuétude ; mais pendant le peu de
temps qu'elle a existé, elle a jeté le trouble dans le
travail et la désorganisation dans la conduite des
opérations.

Ces présidents de puits étaient le résultat de la
révolution qui se manifestait par une œuvre de
désorganisation : Ne sommes-nous pas fondés à
voir dans la création des délégués mineurs une
nouvelle manifestation de la politique révolution-
naire ?

Ayons donc le courage de le dire hautement,

et sachons lire entre les lignes de ces mots pompeux si souvent vides de sens : *la création des délégués mineurs n'a pour base qu'une préoccupation électorale.*

De raison il n'y en a pas d'autre ; mais elle est puissante sous le régime du suffrage universel.

L'établissement de cette nouvelle création répond-il à une nécessité ? Y a-t-il une sécurité nouvelle à en retirer ? Peut-on croire qu'à un point de vue quelconque on en recueille un avantage, que disons-nous, une amélioration, si petite soit-elle ?

Non. Ce qui nous étonne, c'est que le corps des mines reçoive ce soufflet sans murmurer, sans protester, sans défendre ce domaine qui devait lui paraître si bien acquis ; car depuis l'établissement de la loi du 21 avril 1810, toutes les circulaires qui se sont succédé lui mettaient de plus en plus cette partie de la richesse nationale entre les mains : puis, par un revirement brusque de la politique, les hommes au pouvoir l'abandonnent avec autant de désinvolture qu'il en met lui-même à se laisser dépouiller, sans qu'une voix s'élève pour défendre ses prérogatives que trois quarts de siècle avaient légitimées. Ce n'est pas notre tâche de le défendre, et avouons-le franchement, c'est le dernier de nos soucis ; mais au-dessus de cette institution. il y a le pays, qui nous est cher, malgré les utopies dont on nous abreuve en son nom. C'est pourquoi nous avons le droit de trouver étrange que le corps des mines, auquel on peut reprocher une partie de notre atonie minière, ne se soit pas élevé courageusement et résolument pour défendre des droits dont il devait être le gardien.

Quoi ! une élection va suffire pour faire du dernier des travailleurs, du dernier des ignorants ou du premier des intrigants, sacré grand homme sur le zinc du mastroquet voisin, un égal de l'homme instruit qui pendant quinze ans se sera livré à des études sérieuses et ardues, qui sera sorti un des premiers de l'Ecole polytechnique ; et si, entre l'homme de valeur dont nous pouvons critiquer l'abstention, mais dont nous respectons le savoir, un conflit s'élève avec le dernier des piqueurs d'une mine, ce sera le ministre qui sera appelé à les départager, et qui sait si, la politique aidant, l'ignorant n'aura pas raison du savant et si le ministre solennellement ne le renverra pas à ses livres. Abandonnons ces hommes qui s'abandonnent eux-mêmes : honneur à ceux qui luttent !

Non-seulement au point de vue de l'industrie nationale, mais aussi en envisageant celui de la défense du territoire, nous ne devons pas laisser amoindrir notre production minérale, nous devons au contraire faire tous nos efforts pour l'accroître, car, en cas de guerre, la houille certainement sera considérée, et elle doit l'être, comme marchandise de guerre : cette industrie tient donc dans ses mains une partie intégrante de la défense nationale. Or, ce n'est pas au moment fatal où une guerre éclate que l'on peut organiser *ipso facto* une production houillère. Nous savons tous que d'efforts, que d'intelligence, que de capitaux, que de temps sont nécessaires pour mettre sur pied ces gigantesques exploitations. N'oublions donc pas qu'au moment solennel, elles aussi peuvent et doivent contribuer à la défense du sol national.

Est-ce le moment, quand notre industrie ne peut plus lutter contre l'industrie étrangère, de venir ainsi la désorganiser encore; et, qu'on y prenne garde, le mal que l'on va faire ne se réparera pas facilement : la ruine vient à pas de géant, la prospérité à pas de tortue.

Bien coupables sont donc les hommes qui mènent cette campagne ; et bien aveugles sont ceux qui n'ont pas le courage de leur résister en face.

La création des délégués mineurs est attentatoire à la liberté de l'exploitant qui, dans sa mine, est chez lui, comme le propriétaire dans sa maison et le meunier dans son moulin. Elle est même attentatoire à la liberté de l'ouvrier qui n'a pas le droit de refuser le bienfait dont on l'accable, même s'il le réprouve. On ne veut pas, tant on craint son bon sens, le laisser libre de juger si ce que l'on fait en son nom lui convient ou non ; bon gré mal gré on lui impose la façon de voir d'une minorité turbulente en dehors de toute idée pratique.

Elle est attentatoire à la dignité des serviteurs de l'État ; préjudiciable à la marche de l'exploitation : car, ou elle sera une superfétation idiote ou une cause de dissolution, de rivalité, de ruine dans le personnel de l'exploitation ; qu'on n'oublie pas que ce seront les incapables, les intrigants, les beaux phraseurs qui seront nommés délégués : or, rivaux nés et implacables des bons et des travailleurs que chercheront-ils à protéger, à aider au préjudice de tous ? La pauvreté des incapables, la détresse des imprudents, le dénûment des paresseux.

Le délégué cherchera à nous conduire insensiblement au rachat des mines par l'État. C'est toujours le même cycle que nous parcourons. Espérons qu'un nouvel illuminé ne viendra pas nous proposer, comme naguère au Luxembourg, la distribution des salaires proportionnelle aux besoins de l'individu et non en raison de son travail, de son intelligence et de son savoir. Le délégué, qui sera un profond politique, imbu des doctrines ouvrières du jour, aussi néfastes que creuses, conduisant au socialisme d'État, éloignera plus que jamais l'élément ouvrier de cette pensée saine : que le rôle essentiel de l'État est l'organisation de la sécurité publique et de la justice ; que là doit se borner son rôle tutélaire, et que l'homme ne doit compte qu'à lui-même de sa bonne et mauvaise fortune, répondant à cette formule, puisqu'aussi bien aujourd'hui on ne parle plus que par formule : l'homme libre dans l'État libre.

Mais quand la politique, un bandeau sur les yeux, conduit le char, on n'entend plus la voix de la raison, et moins encore celle du devoir.

La commission de la Chambre des députés, nommée pour l'examen des diverses propositions relatives à la création de délégués mineurs, accepta, dans un premier rapport, l'idée de la loi nommant, dans toutes les mines, un délégué et un supplément par puits. Ce délégué avait pour mission, deux fois par mois, de visiter tous les travaux et de faire une enquête en cas d'accidents. Il devait être payé en journées de travail aux frais de l'exploitation.

Le projet n'avait pas oublié le paiement, ni de le faire supporter par les patrons ; mais la loi était si mal digérée que l'on n'y rencontrait aucune sanction ni contre l'exploitant, au cas où il ne s'inclinerait pas devant elle ; ni contre le délégué excédant ses pouvoirs : ni ingénieur, ni préfet, ni ministre, ni président de la République ne pouvaient le remercier avant trois ans, sans compter qu'il était rééligible.

Tous les ouvriers du fond étaient électeurs, étant Français, ayant vingt-cinq ans, leur droit politique, et attaché à l'exploitation depuis un an ; enfin, tous les électeurs sont éligibles, même les ânes ; et toutes les exploitations minières, si petites fussent-elles, sont contraintes d'obéir à la loi.

Par l'article 9, le délégué est prévenu trois jours à l'avance de la visite du mandataire de l'administration qu'il accompagnera. Chacun peut se tenir sous les armes. On devrait prier aussi les accidents d'avertir trois jours à l'avance ou d'attendre la venue de ces messieurs. Absurdité et compagnie !

Malgré les protestations écrites et verbales des représentants des exploitants qui établissent qu'il importe avant tout de ne pas mettre en contradiction, en perpétuel antagonisme les intérêts des exploitants avec ceux de leurs ouvriers, ces intérêts pouvant être distincts mais toujours semblables ; que le projet de loi violait les droits des propriétaires ; qu'il portait atteinte à l'autorité des fonctionnaires de l'État et à l'entente entre les ouvriers et leurs chefs, par conséquent à la discipline qui est aussi nécessaire au fond d'une mine qu'à bord d'un navire ;

Que le délégué créera l'anarchie, sera une cause perpétuelle de discorde entre patrons et ouvriers, et que la guerre sociale peut sortir des exploitations souterraines ;

Que, dans un pays de suffrage universel il est au moins imprudent de donner prétexte à des ferments d'agitation et de discorde ;

Qu'enfin, la nouvelle loi serait despotique puisqu'elle obligera l'ouvrier à se soumettre à de nouvelles entraves, qu'il le veuille ou non, et sans le consulter; qu'à tous ces points de vue, le projet devait être rejeté.

Aucune de ces réflexions ne frappe ni la commission ni son honorable rapporteur, qui les commente avec un dédain superbe, disant qu'il convient de soumettre les concessionnaires à la surveillance permanente de l'Etat. C'est d'ailleurs une erreur profonde, l'Etat n'ayant là, comme partout, qu'un contrôle de police.

La raison de concession d'Etat, si légèrement mise en avant, ne résiste pas à un examen même superficiel; les lois de police devant s'appliquer en matière d'industrie extractive, abstraction faite de toute idée de propriété, à toutes ces industries : cela résulte clairement de la loi de 1810.

Quant à l'atteinte portée à la liberté des mineurs, l'honorable rapporteur répond par ces sublimes paroles, que nous ne saurions laisser dans la nuit de son rapport : « Nous attendrons, pour nous émouvoir, dit-il, que les ouvriers mineurs, au nom de leur liberté par nous violée, se dressent contre notre despotisme. »

Et il justifie le caractère obligatoire de la nouvelle loi en préparation, sur ce que, en Angleterre, elle est tombée en désuétude; et c'est l'Angleterre qui a servi de modèle, c'est l'Angleterre qui la laisse dormir comme inutile ou mauvaise ou dangereuse! et c'est en France qu'on en oblige l'exécution.

O mystère ! et élection !!

Mais la réalité, c'est qu'on n'ose pas laisser la faculté aux ouvriers de se servir de la loi, tant on craint qu'ils ne s'en servent pas. C'est pourquoi on les y contraint. Voilà la vérité, qui oserait, connaissant nos bassins houillers, soutenir le contraire ?

Le rapport, approuvé par la commission, fut imprimé et souleva des réclamations de la part de tous les intéressés.

1° Les exploitants ;

2° Les meneurs des classes ouvrières ;

3° Le ministre des travaux publics.

Avant de faire connaître les nouvelles objections, exposons les raisons qui suivent :

En supposant que l'idée qui a inspiré cette nouvelle loi, ce que nous nions, ne pouvant l'expliquer que par une pensée politique, est celle d'augmenter la sécurité dans les mines du personnel qui y est employé, en confiant à des ouvriers élus par leurs camarades, le soin de visiter les travaux afin de prévenir les accidents, et au cas où cette nouvelle vigilance ne les empêchait pas, qu'ils arrivassent les premiers pour instrumenter et envoyer leur enquête au préfet, ou le résulat de leur visite, seulement en cas de visite. Où sera le résultat immédiat? Cela empê-

3

cherait-il l'enquête administrative en cas d'accident? et s'il ne s'agit que de critiques contre
l'exploitation ou de dénonciations contre l'exploitant dans le procès-verbal de visite, le préfet
pourra-t-il le croire sur parole? Ne devra-t-il pas
instrumenter, envoyer ses agents, l'ingénieur
ordinaire ou ses gardes-mines?

En dehors de cette monstruosité de faire es-
pionner les exploitants par leurs propres ouvriers en imposant aux premiers l'obligation de
payer les seconds pour ce beau service, on se
demandera de suite pourquoi la loi a un caractère exceptionnel? Pourquoi elle s'applique seulement aux mines et non à toutes les industries
souterraines, minières et carrières, visées par la
loi de 1810? et ensuite pourquoi et parallèlement
à ces industries extractives, la loi ne s'étend pas
à toutes les industries qui ont autant sinon plus
de mortalité qu'elles?

La statistique est là pour faire voir que dans
les exploitations souterraines, la mortalité par
accidents, les houillères ne tiennent que le
deuxième rang :

	Tués par mille hommes.
Carrières souterraines	1.99
Mines combustibles	1.93
Autres mines	1,57
Carrières à ciel ouvert	0.81

Devant ces chiffres et devant ceux que nous

avons déjà donnés, quant à la mortalité pour les
autres industries, on voit la partialité évideute de
la loi, on voit que sous des mots pompeux, on
veut atteindre un but ; et ce but, disons-le, c'est
de plaire à la masse électorale ; c'est d'abaisser,
d'amoindrir, d'anéantir une de nos industries
-principales ; sans cela chercherait-on à modifier
chez nous ce qui existe depuis soixante-quinze
ans, en introduisant ce rouage nouveau des délégués mineurs dont l'idée est en contradiction
formelle avec tous les principes de notre droit
administratif et avec les instincts de notre race.

Le but de la loi c'est, en obéissant aux chambres syndicales, de frapper le capital. Que les
ouvriers dans leur simplicité et dans leur ignorance, croient que c'est la faute de la société s'ils
ne sont pas aussi heureux qu'ils voudraient l'être;
qu'ils en cherchent la cause et, que dans leur fu-
reur aveugle, ils considèrent comme ennemi,
comme l'auteur de leurs maux, comme persécu-
teur, le CAPITAL et ceux qui le dirigent : cela est ra-
tionnel ; mais que des hommes, à la tête du pays,
les aident à attaquer ce capital, *ce hideux capital*,
qui les fait vivre, qui leur fournit le travail, qui
alimente toutes les entreprises humaines au
même titre que l'intelligence, ce capital d'un autre genre, qui semble si malheureusement faire
défaut dans nos hautes sphères gouvernementa-
les, voilà qui paraît monstrueux.

Il est d'autant plus dangereux d'attaquer le

capital qu'il peut se transformer et passer la frontière : il est insaisissable de sa nature : c'est le Protée des temps modernes.

L'amoindrissement de nos houillères qui sont loin d'être dans un état florissant, se fera au profit des Anglais, des Belges et des Allemands. Toutes nos autres industries seront tributaires de ces peuples, tous nos ennemis; et le jour où nous serons tout à fait désarmés, qui nous assure que nos rivaux n'augmenteront pas leurs prix pour tuer ce qui reste de notre industrie nationale.

La responsabilité est lourde pour ceux qui veulent en assumer la charge et notre devoir est de montrer au public, qui ignore toutes ces choses, et les responsabilités et ceux qui les encourent.

D'ailleurs toutes les houillères ne donnent pas de bénéfices. Nous en trouvons la preuve dans la dernière statistique minérale officielle, celle de 1884 :

```
Concessions houillères en exploitation....  307   48 p. 100
      »            »      en non exploitation.  328   52    »
           Total des concessions houillères.   635
Nombre des concessions en gain.   190
   Revenu imposé...............            37.587.861 fr.
Nombre des concessions en perte.  117
   Déficit.................             6.121.599 fr.
      Total...............   307
```

Le revenu net imposable a été reconnu de 2 fr. 08 par tonne.

La production est de :

Pour les mines en gain............	18.101.000	tonnes
» » en perte..........	1.935.000	»
	20.036.000	»

Voilà notre situation exacte.

Or, nous avons au N. et au N.-E. la Belgique et l'Allemagne qui font des efforts surhumains pour nous vaincre sur nos marchés et l'Angleterre qui pénètre par toutes nos voies fluviales.

Que les hommes de cœur réfléchissent et, comme nous, qu'ils jettent un cri d'alarme : 2 fr. 08 seulement nous séparent de la ruine de cette grande industrie qui est le pain de nos industries diverses.

Maintenant que dira la classe ouvrière, qui fait tout le nécessaire pour tuer sa poule aux œufs d'or, devant ces six millions de perte dont elle a reçu plus de deux tiers comme salaire ? Si ce capital, qui s'est évanoui en travaux peut-être inutiles, n'avait pas existé en auraient-ils vécu ?

Ainsi que nous l'avons dit, le rapport de la commission des délégués mineurs ne satisfit personne.

Les représentants des exploitations houillères qui, dans de nouveaux mémoires, établirent une fois de plus que l'innovation était *dangereuse* et destructive de la discipline qui doit régner dans une exploitation ; et *inutile* comme ne pouvant rien ajouter aux moyens de sécurité employés jusqu'à ce jour; mais amènerait fatalement la désunion et la rivalité.

N'ont-ils pas pleinement raison? pour tout homme de bon sens qui connaît, pour avoir vécu avec elle, la classe ouvrière, il est inévitable qu'il résultera de la création projetée le désordre en permanence dans les exploitations : le délégué d'un puits se croira quelque chose de plus que les autres ouvriers, et voudra profiter de cette situation pour se soustraire plus ou moins à l'observance des règlements, pour créer des difficultés dans l'application de mesures qui n'auront pas son assentiment ou le gêneront: cette espèce d'indépendance se communiquera à ses camarades au préjudice de la discipline et de la sécurité qui en est la conséquence. Si maintenant le délégué est écouté et que quelque chose se fasse sous son inspiration, à qui incombera la responsabilité de l'acte de cet amphibie, travaillant pour l'État et pour lui-même et payé par l'exploitant? Il est évident que les responsabilités sont déplacées et qu'en cas d'accidents le délégué, qui n'a rien prévu, rien empêché sous l'inspiration duquel on a exécuté un travail, doit avoir sa lourde part de responsabilité, dont doit être déchargé l'exploitant.

Il faut être logique, même quand on fait de mauvaises lois.

Il est également incontestable que les délégués sont une atteinte portée à la liberté des exploitants et qu'aucune loi n'autorise nos législateurs, si peu jurisconsultes, à le faire et qu'ils violent outrageusement la loi de 1810.

Enfin qu'une chose criminelle au suprême degré est de créer l'antagonisme, qu'ils érigent à la hauteur d'une doctrine, entre les patrons et les ouvriers : c'est là plus qu'une mauvaise loi, c'est une mauvaise action qu'ils commettent.

L'honorable rapporteur n'a cure de tout cela et n'a garde d'y répondre. Pourquoi les exposants ne sont-ils pas le nombre? On les saluerait bien bas ; mais ne l'étant pas ils ne peuvent être que d'infâmes réactionnaires qui n'ont que ce qu'ils méritent.

Mais où le pauvre rapporteur sent son cœur saigner, c'est que les ouvriers mineurs ne sont pas contents ; mais pas du tout contents : la chambre syndicale de Saint-Etienne ne s'en est pas cachée, et voici aujourd'hui ce qu'ils veulent : avoir un délégué élu dont la présentation appartiendra aux chambres syndicales ; ce personnage, une fois élu, ne travaillera plus ; on lui donnera cinq ou six puits à surveiller, et il sauvegardera non seulement la sécurité des ouvriers, *mais aussi l'exploitation dans l'intérêt de la Nation;* à ce titre, il prêtera serment, comme les gardes-mines, et *sera rétribué par l'Etat.*

Nous y voilà donc : il n'était pas difficile dès le début de voir où nous marchions, et nos bons députés, pris au piège, ont beau dire : mais ce n'est pas cela ; mais il y a erreur ; mais ce n'est plus notre projet ; nous allons à l'abîme ; mais s'il faut payer, nous n'avons plus besoin de délégués ; n'avons-nous pas le corps admirable des mines, qui a toute notre confiance, dont l'aptitude technique acquise au prix de longues études, vérifiée par de sévères examens, ne peut être mise en doute ; des hommes ceux-là ; seulement ils coûtent un peu cher et nous n'avons plus le sou, sans cela nous en mettrions partout et nous n'aurions plus besoin de ces ouvriers vaniteux qui veulent se gonfler comme des grenouilles et manger au râtelier de l'Etat. Manger sur les patrons, c'est très bien ; mais grignoter au budget, allons donc, ces hommes sont pris de démence !

Donc, leur dit M. le rapporteur, étendre la juridiction du délégué sur 3, 4, 5 ou 6 puits, la faire porter tout à la fois sur la sauvegarde de la sécurité des ouvriers et sur la surveillance de l'intérêt de la Nation, c'est dénaturer radicalement l'innovation dans son but et en préparer l'inévitable échec devant le parlement.

Le plus curieux, ce qu'oublie de signaler l'honorable rapporteur, c'est que le délégué élu serait au-dessus des agents gouvernementaux, même du ministre qui ne peut ni le révoquer ni le déplacer tout le temps de son mandat, ainsi que nous l'avons déjà dit. La proposition est donc repoussée ; or, ce que l'Etat ne veut pas accepter pour lui, pourquoi le faire supporter aux autres ?

Les ouvriers veulent un délégué? Qu'ils le paient. N'est-ce pas ainsi que l'on procédait en Angleterre!

En France nous ne pouvons que dire : logique et justice distributives.

Conclusion du rapporteur : revenons sagement aux dispositions de M. Waldeck-Rousseau : être délégué mineur ; contrôler les travaux, prévenir les accidents, être payé par les concessionnaires ou exploitants, et surtout leur faire payer en cas d'accidents de bonnes indemnités ou pensions aux blessés et aux veuves ; voilà où doit s'arrêter l'œuvre d'un bon délégué mineur.

Toutes les difficultés ne sont pas encore levées. M. le ministre des travaux publics ne voit pas le projet de loi tout en rose, quoiqu'il l'accepte en principe. Il trouve que la rédaction ne laisse pas mal à désirer, et prie la commission de rentrer en classe et de retaper un peu son travail fait avec la légèreté d'écoliers qui ont plus souci de faire l'école buissonnière que d'étudier et de traiter un brave projet de loi avec tout le respect qui lui est dû.

L'article 1er, profondément modifié, donne satisfaction au gouvernement et aux délégués des ouvriers.

La loi ne devient obligatoire que pour les exploitations au-dessus de deux cents ouvriers ; les autres pourront être groupées, mais par décret.

3.

L'article 2 remanié ne reconnaît comme éligibles que les mineurs sachant lire et écrire. Avant on pouvait venir de pair à compagnon avec l'ingénieur des mines sans pouvoir apposer son nom au bas d'un procès-verbal; cela aura sans doute choqué M. le Ministre des travaux publics; et, d'ailleurs, les délégués des ouvriers mineurs, il faut leur rendre cette justice, avaient trouvé également que la chose pouvait avoir quelques inconvénients, et peut-être sont-ce eux qui ont soulevé l'incident; mais une grave innovation apparaît qui ouvre un nouvel horizon et pourra avoir des conséquences qui ne tarderont pas à se révéler, si jamais cette loi s'exécute; l'introduction, parmi les éligibles, d'anciens ouvriers qui auront travaillé dans la mine. Ainsi, l'ouvrier que vous aurez renvoyé pour une cause juste, parce qu'il est paresseux, ivrogne, turbulent, insolent, vous reviendra pour vous inspecter : cet homme qui n'est plus au courant des travaux, qui ne vit plus de cette vie là, quels services peut-il rendre? N'est-ce pas la négation absolue du délégué mineur en fait de protection à exercer au profit de la sécurité de ses compagnons? Mais ce sera un excellent agent électoral, un fougueux propagateur de la bonne parole socialiste, un excellent instrument contre les exploitants; ce sera le perturbateur de toutes les heures, l'agent des chambres syndicales et le général de la prochaine grève. Si c'est M. le Ministre des travaux publics qui a trouvé cela, il fera bien de ne pas s'en vanter, car c'est pour le moins une mauvaise action ; mais nous espérons, à son honneur, que c'est la formule cherchée et trouvée par les chambres syndicales pour avoir une main dans chaque exploitation ; seulement, devant cette formidable menace pour l'avenir, qu'on ne vienne plus nous dire que la nouvelle loi n'est pas une arme dirigée contre les exploitants ; cela devient trop visible pour ne pas frapper le bon sens public.

Les articles 3, 4, 5, 6, sont relatifs au fonctionnement des élections.

L'article 7 nouveau traite des devoirs des délégués et de la pénalité frappant les exploitants au cas où ils entraveraient les délégués dans leurs fonctions : pénalité qui n'est ni plus ni moins que l'application de l'article 96 de la loi du 21 avril 1810, autrement dit, avec l'interprétation de la loi de 1838, la déchéance, un prétexte malhonnête de faire faire retour des mines à l'État.

Inutile d'ajouter qu'il n'y a, dans le nouveau projet, aucune sanction contre la mauvaise conduite ni les excès de pouvoir des délégués : ce sont des êtres impeccables au-dessus du reste de l'humanité.

Les articles 8 et 9 nouveaux continuent l'énonciation des droits et devoirs des délégués. L'administration ne prévient plus trois jours à l'avance pour faire les visites : le délégué fait seul ses visites et inscrit ses procès-verbaux sur un registre *fourni* et *payé* par l'exploitant, qui n'a que le droit de le regarder et de le respecter comme une autre arche sainte : il ne peut y inscrire le moindre mot pour protester contre les absurdités, les calomnies, les fausses appréciations qui pourront s'y étaler sans protestation : les délégués et c'est assez!

Copies de ces procès-verbaux sont envoyées à la préfecture.

L'article 10 et dernier reconnaît au délégué un salaire en journées de travail payé par les exploitants.

Qu'ils paient, puisqu'ils sont les moins forts ! Quand il n'y a plus ni justice ni équité, cela semble tout naturel.

Voilà l'économie de la loi en seconde lecture à la Chambre; nous allons la voir au Sénat; mais avant nous voulons insister encore sur son inutilité évidente et sur sa stérilité future.

Inutile, nous l'avons déjà amplement démontré; mais nous ne résistons pas à citer les paroles d'un homme éminent, M. L. Aguillon, ingénieur en chef des mines, professeur de législation à l'École de Paris :

« Loin que l'on puisse dire, trouvons-nous dans son traité de législation, qu'il n'y a pas de protection en France pour les ouvriers qui travaillent au fond des mines, il faut reconnaître que l'on est arrivé à des résultats que nous pouvons, non sans orgueil, opposer à ceux de tous les autres pays ; et, à moins de vouloir renoncer à exploiter les mines, il est permis de croire que l'on est arrivé à réduire au strict minimum les éventualités fâcheuses qu'elles présentent inévitablement. L'honneur d'une pareille situation revient en partie aux exploitants eux-mêmes, et, en partie, à l'administration des mines. »

Il n'est que strictement juste de reconnaître tous les efforts faits par tous les ingénieurs qui sont à la tête de nos exploitations minières pour prévenir les accidents, comme aussi leur courage et leur abnégation pour procéder au sauvetage quand, malheureusement, quelques catastrophes viennent à se produire.

Ceux qui ont vécu dans les mines savent que 99 p. 100 des accidents arrivent d'une façon fortuite, inattendue, que l'on ne pouvait prévoir ni un jour, ni même une heure avant : de quelle utilité sera alors le délégué avec la meilleure volonté du monde?

Un autre illogisme à l'occasion de cette loi inopportune autant qu'absurde. L'honorable rapporteur, organe de la commission, déclare que le corps des mines est insuffisant pour exercer la surveillance de police que lui confère l'article 47 de la loi minière de 1810. « Veut-on, dit-il, décupler ce personnel (ingénieurs et gardes-mines) insuffisant? Veut-on voter des fonds suffisauts, ALORS LA LOI QUE NOUS PROPOSONS N'AURAIT PLUS RAISON D'ÊTRE.

N'est-ce pas la réfutation de la loi ? Il est diffi-cile de le démontrer plus clairement ; d'autant plus, ô candide rapporteur ! que la dépense existe toujours quoique non payée, *en partie*, par l'Etat, il ne faut pas moins la payer. Il est vrai que par un tour ingénieux, vrai tour d'escobar, on la fait payer au voisin, sans s'inquiéter s'il est bien moral de faire payer l'espion par l'espionné.

Le compte est facile à établir. Il y a en France 125,000 ouvriers environ dans les conditions ac-tuelles du projet de loi ; ce qui pourra créer 24 à 25,000 journées d'ouvriers annuellement à 4 fr. 50 l'une ; nous arrivons à 112,500 francs.

Or, il ne faut perdre de vue que notre indus-trie houillère n'est pas aussi prospère qu'un vain peuple pense, nous en avons déjà donné des preuves plus haut, nous allons encore citer un cas particulier que nous trouvons dans la déposition verbale de M. Guary, directeur des mines d'An-zin, dont personne ne peut nier la grande compé-tence : « La main-d'œuvre du piqueur dans le bassin de la Rhür, dit-il, est moins chère que celle de nos ouvriers à l'abatage d'environ 25 p. 100 ; de plus la production de la tonne de houille y demande deux fois moins de main-d'œuvre que chez nous ; or, le prix de la main-d'œuvre entre pour les deux tiers dans le prix de revient total.

Aussi la concurrence est-elle terrible pour notre bassin du Nord. Comme exemple des prix auxquels peuvent descendre les combustibles allemands, je puis citer celui des cokes de Wesphalie, livrés à une grande usine du Nord au cours de 21 fr. 50, se décomposant comme suit : prix d'achat 9 fr. 50, droit d'entrée 1 fr. 50, transport 10 fr. 50. »

« Je prétends qu'une fabrique de coke dans le Nord, ayant seulement 1 fr. 50 de transport à supporter, ne pourrait, en faisant un bénéfice raisonnable, vendre au même prix de 21 fr. 50 des cokes de même qualité que ceux de la Rhür. »

Et c'est alors que notre industrie houillère traverse une crise réelle où son existence peut être compromise, qu'on vient lui créer des charges aussi insolites qu'inutiles ; aussi les compagnies appelées à payer la note, alors qu'elles en contestent, trop justement, hélas ! l'utilité, ne trouveront-elles pas tout naturel de faire supporter cette dépense supplémentaire sur les dix à treize millions qu'elles distribuent à titre gracieux à leurs ouvriers ?

Ce sera donc une charge pour l'ouvrier : la chose est juste au fond, et nous arrivons à la conclusion anglaise, sans en avoir la franchise. Qu'auront obtenu alors les députés pour la classe ouvrière ?

Ce n'est pas tout. D'un autre côté, les délégués fonctionnant, ils enverront leurs procès-verbaux

à la préfecture. Il faudra évidemment les rece-
voir, les classer, instruire les affaires, ouvrir les
enquêtes : qui le fera ? l'ingénieur ou le garde-
mines ?. mais ils ne le peuvent étant déjà trop sur-
chargés, nous a appris le rapporteur ; donc il faudra faire d'autres nominations, créer de nouveaux
emplois et ouvrir au budget un crédit supplémentaire. Quoi qu'on dise, quoi qu'on fasse,
c'est inévitable toute innovation coûte de l'ar-
gent.

Et l'on aura des INSPECTEURS *qui n'auront ni la
capacité ni l'impartialité indispensables.*

DÉLÉGUÉS MINEURS DEVANT LE SÉNAT

Une chose nous frappe vivement en exa-
minant cette grave question des délégués mineurs.

En 1838, lorsque le projet de loi, déposé par le
ministre Martin du Nord, fut mis en discussion,
il fut attaqué à la Chambre des députés avec une
grande hauteur de vue par le duc Decazes, Michel
de Bourges et Mermilliod. Ces hommes, d'une incontestable valeur, sentaient bien que si la propriété minière était discutable, que si le propriétaire minier n'était pas maître chez lui comme le
meunier en son moulin ; si sa propriété n'était
incommutablement acquise, c'était la ruine d'une

des branches de la richesse nationale, Ils soute-
naient, avec leur magistrale éloquence, que la
concession d'une mine, constituant une propriété,
il faut que le propriétaire ne puisse en être dé-
possédé que par les tribunaux, comme pour
tous les autres biens, que l'on ne pouvait attri-
buer à l'administration le pouvoir exécutif de
forcer le propriétaire à faire des améliorations,
que les agents des mines ne peuvent intervenir
que sous le rapport de l'art et non sous celui de
l'administration.

C'est sur ces bases essentielles de la loi de
1810, les seules qui font de cette loi un monument
de progrès, que toutes les nations civilisées ont
basé leur législation. Toutes ont senti que pour
une propriété précaire par essence, il fallait lui
donner la plus grande stabilité possible de manière qu'elle soit indéniable aux mains qui la dé-
tiennent.

Comment peut-on concevoir que des capitaux
se consacrent à faire fructifier une chose incer-
taine et aléatoire dans toutes ses parties; souvent
en butte au mauvais vouloir de tous.

Devant la Chambre des députés actuelle pas
une voix ne s'est élevée, à la première lecture du
projet de loi, pour défendre les propriétaires miniers, pour démontrer tout ce que cette loi avait
d'attentatoire à la liberté des propriétaires, d'im-
morale dans sa conception, de funeste dans ses
conséquences.

Faut-il donc croire que sous ce régime de soi-disant liberté, en fait de députés, si nous avons maintenant la quantité, la qualité nous manque?

Au Sénat, la commission chargée d'étudier le projet nomma pour son rapporteur M. le sénateur Béral.

L'honorable rapporteur constate d'abord que le projet de loi n'a soulevé aucune objection de principe encore qu'on en conteste l'utilité et l'opportunité ; mais que certains détails furent vivement critiqués et que mettant en parallèle la loi anglaise du 10 août 1872, on s'est surtout élevé contre l'obligation qui se trouve imposée au gouvernement, aux exploitants et aux ouvriers eux-mêmes ; que l'Etat n'outrepassait nullement ses droits et ne portait aucune atteinte, quoi qu'on en ait dit, à la propriété des mines, en créant un nouveau mode de surveillance, en instituant ces délégués chargés exclusivement de recueillir, de constater, de consigner dans de simples procès-verbaux tous les renseignements, faits, observations, permettant de faire cesser les causes de danger, en prévenant les accidents : que le projet tel qu'il avait été voté par la Chambre des députés présentait d'assez importantes lacunes, qu'il était indispensable de faire disparaître tant au point de vue des conditions à exiger des délégués que des garanties à donner aux exploitants et à l'Etat.

La commission voit dans la nouvelle loi amendée par elle une œuvre non de défiance et de discorde, mais d'apaisement et de conciliation : c'est ce que nous verrons bientôt.

Passant ensuite à l'examen des articles, l'honorable rapporteur constate la vive discussion qu'a soulevée l'obligation. On a fait valoir ce que cette obligation avait d'attentatoire à la liberté des patrons et des ouvriers qui n'ont besoin d'être liés entre eux que par des contrats de louage librement consentis ; que c'était *reconnaître implicitement* que, sans cette prescription, les ouvriers seraient peu disposés à appliquer cette mesure, que la loi dans ces conditions n'aurait d'autre résultat que de mettre en relief certaines personnalités qui apporteraient le trouble dans des travaux où une discipline rigoureuse est indispensable ; malgré d'aussi bonnes raisons, suffisantes pour faire rejeter la loi elle-même, l'obligation a été maintenue. Au Sénat comme à la Chambre on craint la lumière, le libre arbitre et le bon sens des vrais ouvriers ; là-bas comme ici, on sait bien que la loi tomberait en désuétude, comme en Angleterre, si on laissait les ouvriers libres d'en apprécier eux-mêmes l'efficacité : aussi, au nom de la liberté on la leur impose.

La commission du Sénat, et plus tard cette vénérable assemblée, du moment où elle acceptait le principe de la loi avait une occasion unique de faire un grand acte de libéralisme, c'était de la proclamer facultative.

Les articles 2, 3, 4, 5, 6, relatifs à l'élection n'ont rien de bien intéressant au point de vue de notre critique ; si ce n'est que le rapporteur, faisant une vive censure de l'admission des anciens ouvriers à l'éligibilité, trouvant des inconvénients et même des dangers à la nomination de certaines personnalités bruyantes plus propres aux agitations du dehors qu'à la surveillance des travaux ; ou celle de certains ouvriers congédiés animés, sans doute, d'hostilité et de parti-pris contre les exploitants : la conclusion logique serait de rayer cette disposition funeste dans le projet de loi ; nullement, le rapport conclut que de telles nominations, à tous points de vue, seraient des plus regrettables. Alors pourquoi ne pas les rendre impossibles ?

Une loi qui permet le mal au lieu de l'empêcher, qui excite les passions au lieu de les enchaîner, voilà ce que les placides sénateurs regardent passer en déplorant ses effets désastreux. Dans quel temps vivons-nous ?

L'article 7 fixe à trois ans la durée de l'emploi de délégué, il constate aussi la révocation possible du délégué, révocation qui sera instituée par l'article 10 du présent projet.

L'article 8, traitant des obligations des délégués, les oblige à visiter les travaux intérieurs et *les appareils d'aération et d'extraction*, omis dans le projet de la Chambre ; en plus, il oblige le délégué, descendant dans une mine pour procéder à la visite, de se conformer au même titre que le personnel ouvrier à toutes les mesures pres-crites par les règlements. Encore une omission de la Chambre peut-être intentionnelle d'ailleurs.

Les peines édictées contre les exploitants sont maintenues sans que la commission sénatoriale ait protesté contre ce qu'elles ont d'exorbitant et d'abusif.

Dans l'article 9, la commission autorise l'exploitant à consigner ses dires et observations sur le même registre en face du procès-verbal, et aussi à adresser au préfet copie de ces observations.

Elle a établi ainsi une sorte d'égalité entre les deux parties adverses; tandis que la Chambre avait clos la bouche à l'une d'elles, au nom de la justice et de la liberté sans doute.

L'article 10 constitue la modification la plus importante apportée au texte de la Chambre des députés. D'après le projet de loi émanant de la Chambre, les délégués échapperaient à tout contrôle, à toute sanction : l'article 10 dispose que tout délégué, par négligence grave ou abus dans ses fonctions, peut-être suspendu par le préfet pendant trois mois au plus, sur l'avis motivé de l'ingénieur des mines, le délégué entendu ; l'arrêt sera soumis au ministre qui pourra le lever ou le réduire et de même, s'il y a lieu, il pourra procéder à la révocation ; alors le délégué est inéligible pendant trois ans.

Nous ne croyons pas à l'efficacité de cette procédure; le délégué révoqué sera réélu, quoique inéligible, par ses camarades qui seront heureux de faire une niche à l'ingénieur, au préfet et au ministre : c'est un acte de gaminerie que nous avons eu sous les yeux pour la nomination de députés, à plus forte raison se renouvellera-t-il pour les délégués.

Quoi qu'il en soit, le délégué n'est plus irresponsable : tombant sous la férule de l'administration, il devient son homme-lige et lui doit payement de son travail.

Par son article 12, la commission du Sénat a modifié le mode de payement des délégués : le prix de la journée est fixé tous les ans par le préfet sur l'avis des ingénieurs des mines de l'Etat. Ces frais sont payés mensuellement par l'exploitant, qui les porte chaque année en déduction de la redevance fixe établie par l'article 34 de la loi du 21 avril 1810.

En cas d'excédant de dépense, le surplus reste à la charge de l'exploitant.

La commission a senti tout ce qu'il y avait de monstrueux à faire payer les délégués par les exploitants. Elle l'atténue ainsi autant que possible; mais on ne peut sortir de ce dilemne : ou les délégués sont indispensables à la surveillance des mines, alors ils doivent appartenir à l'Etat à qui incombe le payement; ou c'est une superfétation, alors ils sont inutiles et partant nuisibles : laissez-les donc dans la nuit de l'avenir.

Il est vrai que cette modification n'a pas été acceptée par le Sénat et qu'il a mis, tout simplement comme la Chambre, les frais à la charge des exploitants ; si ce n'est ni logique ni honnête, c'est plus court.

En terminant, protestons contre une des appréciations de l'honorable rapporteur, disant que l'État ne dépasse pas ses droits en *créant un nouveau mode de surveillance*. Il est parfaitement évident que l'État a le droit, dans les mines, *et c'est son seul et unique droit*, de surveillance ; mais il a le *devoir* d'avoir des surveillants *capables à lui, payés par lui ;* et non la mission d'établir un espionnage déguisé en prenant les salariés d'autrui dont il s'efforce de décliner le paiement par tous les moyens possibles, pour en faire ses sicaires ou ceux de ses députés, au détriment de toute discipline.

Voilà le projet tel qu'il a été présenté au Sénat et accepté par lui en seconde lecture. Si le Sénat, inspiré par une idée de justice, avait voté la *faculté* de nommer des délégués mineurs au lieu d'en reconnaître l'obligation, il aurait rendu un signalé service au pays : mais chacun fait ce qu'il peut, et certainement le Sénat n'ira pas chercher querelle à la Chambre pour semblable peccadille. Nos pères conscrits sont trop amoureux de repos, de paix, de tranquillité ; ils aiment trop leur *farniente*, pour se donner la peine de défendre un projet qu'ils regardent au fond comme mauvais, mais qui les brouillerait avec les turbulents et les braillards de la Chambre qui, eux, sont nombreux et déterminés et chercheraient peut-être à les jeter en bas de leurs chaises curules.

Nous donnons le texte du Sénat, qui est le troisième du projet de loi, et qui ne sera pas le dernier, pour la clarté de ce qui suivra :

Article premier. — Il devra être établi un ou plusieurs délégués mineurs et autant de délégués suppléants, « appelés à les remplacer en cas d'empêchements », dans toutes les exploitations minières, qui occupent plus de deux cents ouvriers travaillant à l'extraction ou employés au fond de la mine.

Il pourra être établi des délégués dans les exploitations occupant un moins grand nombre d'ouvriers. Il sera même loisible de grouper, pour être comprises dans une même circonscription de délégués, des exploitations distinctes d'un même bassin.

Dans l'un et l'autre cas, il y sera pourvu par des décrets qui fixeront l'étendue de chaque circonscription.

Pour les exploitations visées par le paragraphe 1er ci-dessus, les décrets d'institution devront être rendus dans les six mois de la promulgation de la présente loi.

A toute époque, des décrets pourront créer de

nouvelles circonscriptions, modifier les circonscriptions existantes et même les supprimer, si
elles ne se trouvent pas ou ne se trouvent plus
dans les conditions visées par le paragraphe 1ᵉʳ.

Art. 2. — Sont électeurs tous les mineurs travaillant à l'extraction, et les ouvriers employés
au fond de la mine, dans le périmètre de la circonscription, quel que soit le lieu de leur domi-
cile, pourvu qu'ils satisfassent aux conditions
suivantes :

1° Être Français ;

2° Jouir de leurs droits électoraux politiques ;

3° Être âgé de vingt-cinq ans accomplis ; être
attaché, depuis un an au moins, à l'exploitation.

Sont éligibles, à la condition de savoir lire et
écrire, et, en outre, de n'avoir jamais encouru
de condamnations, aux termes des dispositions
de la loi du 21 avril 1810, du décret du
3 janvier 1813 et de l'article 414 du Code pé-
nal (1) :

1° Les électeurs ci-dessus désignés, attachés

---

(1) Art. 414. — Sera puni d'un emprironnement de six jours à
trois ans et d'une amende de 16 à 3,000 francs, ou de l'une de
ces deux peines seulement, quiconque, à l'aide de violences, voies
de fait, menaces ou manœuvres frauduleuses, aura amené ou
maintenu, tenté d'amener ou de maintenir une cessation concertée
de travail, dans le but de forcer la haussé ou la baisse des salaires, ou de porter atteinte au libre exercice de l'industrie ou du
travail.

depuis deux ans au moins aux exploitations du bassin ;

2° Les anciens mineurs et ouvriers du fond âgés de vingt-cinq ans accomplis, jouissant de leurs droits électoraux politiques, et ayant été attachés aux exploitations du bassin pendant deux ans au moins, dont un an dans la circonscription.

Art. 3. — Toutes les opérations électorales se font à la mairie de la commune de la circonscription.

Si plusieurs communes ou fractions de communes sont comprises dans une même circonscription, le décret d'institution devra désigner celle de ces communes à la mairie de laquelle devront avoir lieu ces opérations.

Le maire, assisté de deux conseillers municipaux, pris dans l'ordre du tableau, prépare la liste électorale.

Il est procédé à l'inscription de chaque électeur, sur la présentation d'un certificat émané du directeur ou de l'ingénieur de l'exploitation, constatant que l'ouvrier est attaché « depuis un an au moins aux exploitations de la circonscription » — et, à défaut de ce certificat, « sur les preuves » fournies par l'intéressé au maire et à ses assesseurs.

La liste électorale ainsi préparée est transmise au préfet qui l'arrête et la fait publier en la forme ordinaire.

« Cette liste électorale devra être préparée, arrêtée et publiée dans les deux mois de la promulgation du décret instituant ou modifiant la circonscription. »

Elle est revisée chaque année « dans le courant du mois de janvier ».

En cas de réclamation par les intéressés, le recours doit être formé dans les huit jours de la publication de la liste, devant le juge de paix qui « statue d'urgence et en dernier ressort ».

Art. 4. — L'assemblée des électeurs est convoquée par un arrêté du préfet.

L'arrêté de convocation est publié dans la circonscription, huit jours au moins avant l'élection, qui doit toujours avoir lieu un dimanche. Il fixe la date de l'élection, ainsi que les heures auxquelles sera ouvert et fermé le scrutin, dont la durée doit être, au moins de deux heures. Le vote a lieu à la mairie de la commune, où a été dressée la liste électorale.

Lors de la création ou de la modification d'une circonscription, la réunion des électeurs doit avoir lieu dans le mois qui suit la publication de la liste électorale.

Art. 5. — Le bureau électoral est présidé par le maire qui prend, comme assesseurs, le plus âgé et le plus jeune des électeurs présents au moment de l'ouverture du scrutin, et, à défaut d'électeurs présents ou consentant à siéger, deux membres du conseil municipal de la commune.

Chaque bulletin porte deux noms.

Nul n'est élu au premier tour de scrutin s'il n'a obtenu la majorité des suffrages exprimés et un nombre de voix égal au quart du nombre des électeurs inscrits.

Au deuxième tour de scrutin, la majorité relative suffit, quel que soit le nombre des votants.

En cas d'égalité de suffrages, le plus âgé des candidats est élu.

·Si un second tour de scrutin est nécessaire, il y est procédé sur-le-champ, dans les mêmes conditions de forme et de durée.

Art. 6. — Après le dépouillement du scrutin, le président proclame délégué le candidat qui a obtenu le plus de voix, et délégué suppléant celui qui a réuni ensuite le plus de suffrages.

Il dresse et transmet au préfet le procès-verbal des opérations.

Les protestations doivent ou être consignées au procès-verbal, auquel sont alors jointes toutes les pièces à l'appui, ou être adressées, à peine de nullité, dans les trois jours qui suivent l'élection, au préfet qui en accuse réception.

Les exploitants peuvent, comme les électeurs, adresser dans le même délai, leurs protestations au préfet.

En cas de protestations, ou si le préfet estime que les conditions prescrites par la loi ne sont pas remplies, le dossier est transmis au plus tard le cinquième jour après l'élection, au conseil de préfecture qui doit statuer dans les huit jours suivants.

En cas d'annulation, il est procédé à de nouvelles élections dans le délai d'un mois.

Art. 7. — Les délégués et délégués suppléants sont élus pour trois ans.

Toutefois ils doivent continuer leurs fonctions tant qu'ils n'ont pas été remplacés.

A l'expiration des trois ans, et aussi dans le cas où le délégué et le délégué suppléant se trouvent tous deux ou décédés, ou démissionnaires, ou « révoqués », ou déchus des qualités requises pour l'éligibilité, il est pourvu à leur remplacement dans le mois qui suit la dernière vacance.

Les nouveaux élus sont nommés pour trois ans.

Art. 8. — Les délégués, dans leurs circonscriptions respectives, doivent consacrer, chaque mois, un temps équivalent à deux journées de travail, à la visite des travaux intérieurs des mines « et des appareils d'aérage et d'extraction ».

Ils doivent en outre procéder, sans délai, à la constatation des accidents survenus dans les mines.

« Lorsqu'un délégué descend dans la mine pour procéder aux visites et constatations ci-dessus

4.

prescrites, il est tenu de se conformer, au même titre que le personnel ouvrier, à toutes les mesures prescrites par les règlements, en vue d'assurer l'ordre et la sécurité dans les travaux. »

Les exploitants ne peuvent, sans encourir les peines édictées par l'article 96 de la loi du 21 avril 1810, apporter aucune entrave aux visites et constatations ci-dessus.

Ils sont tenus, sous la même pénalité, d'avertir, sur-le-champ, le délégué, ou à son défaut, le délégué suppléant, de la survenance des accidents.

Art. 9. — Le délégué rédige procès-verbal de chacune de ses visites ou constatations.

Il inscrit aussitôt ce procès verbal sur un registre fourni par l'exploitant et tenu par celui-ci, en permanence sur la mine, à la disposition des ouvriers.

« L'exploitant peut contresigner ses dires et observations sur le même registre, en regard du procès-verbal. »

Ce registre est visé par les ingénieurs des mines de l'Etat et par les gardes-mines, lors de leurs inspections.

Copie du procès-verbal inscrit au registre est envoyée par le délégué au préfet qui la transmet aux ingénieurs des mines.

« Les exploitants peuvent de même adresser au préfet copie de leurs observations. »

Art. 10 — Tout délégué et délégué supplémentaire peut, pour négligence grave ou abus dans l'exercice de ses fonctions, être suspendu pendant trois mois au plus, par arrêté du préfet, pris, après enquête, sur avis motivé de l'ingénieur des mines de l'Etat, et le délégué entendu.

L'arrêté de suspension est, dans la quinzaine, soumis par le préfet au ministre des travaux publics, lequel peut lever ou réduire la suspension, et, s'il y a lieu, prononcer la révocation du dé_légué.

Les délégués et délégués suppléants révoqués ne peuvent être réélus avant un délai de trois ans.

Art. 11. — L'article 7, paragraphe 3 du décret du 3 janvier 1813, est ainsi modifié (1) :

(1) L'article 7 du décret du 3 janvier 1813 :

Lorsqu'une partie ou la totalité d'une exploitation sera dans un état de délabrement ou de vétusté tel que la vie des hommes aura été compromise ou pourrait l'être, et que l'ingénieur des mines ne jugera pas possible de la réparer convenablement, l'ingénieur en fera son rapport motivé au préfet, qui prendra l'avis de l'ingénieur en chef, et entendra l'exploitant ou ses ayants cause.

Dans le cas où la partie intéressée reconnaîtrait la réalité du danger indiqué par l'ingénieur, le préfet ordonnera la fermeture des travaux.

En cas de contestation, trois experts seront nommés, le premier par le préfet, le second par l'exploitant et le troisième par le juge de paix du canton.

Les experts se transporteront sur les lieux ; ils y feront toutes les vérifications nécessaires en présence d'un membre du conseil d'arrondissement, délégué à cet effet par le préfet, et avec assis-

« En cas de contestations, trois experts seront chargés de procéder aux vérifications nécessaires. Le premier sera nommé par le préfet; le second par l'exploitant; le troisième sera, de droit, le délégué de la circonscription, ou sera désigné par le juge de paix du canton, s'il n'existe pas de circonscription.

« Si la vérification intéresse plusieurs circonscriptions, les délégués de ces circonscriptions nommeront parmi eux le troisième expert. »

Art. 12. — Les visites et constatations, prescrites par la présente loi, sont payées aux ouvriers comme journées de travail, à raison de deux journées par mois pour les visites mensuelles, et une journée pour chacune des constatations.

Le prix de la journée est fixé tous les ans par le préfet, sur l'avis des ingénieurs des mines de l'Etat.

Ces frais restent à la charge des exploitants, qui doivent les payer mensuellement aux délégués.

tance de l'ingénieur en chef, ils feront au préfet un rapport motivé.

Le préfet en référera au ministre en donnant son avis.

Le ministre, sur l'avis du préfet et sur le rapport du directeur général des mines, pourra statuer, sauf recours au conseil d'Etat.

Le tout sans préjudice des dispositions portées, pour le cas d'urgence, dans l'article 4 du décret.

LES DÉLÉGUÉS MINEURS DE RETOUR DEVANT LA CHAMBRE DES DÉPUTÉS

Le projet n'a pas encore terminé ses pérégrinations : nous le reverrons de nouveau devant la Chambre, augmenté et enlaidi, défendu par un autre rapporteur : au Nord succède le Rhône.

Cette fois le délégué, de concert avec les ingénieurs de l'Etat, *revendiquera les droits des blessés et des veuves.*

Va-t-il donc remplacer la justice? les enquêtes judiciaires seront-elles supprimées? Non ; alors pourquoi le délégué, dont la mission était de prévenir les accidents, revient-il affublé d'une robe, qui ne lui va guère, pour défendre la veuve ou l'orphelin.

M. le sénatenr Béral peut se rendre compte combien ses paroles de conciliation sont écoutées; et nous avons grandement raison quand nous soutenons que ce n'est pas seulement une création de *défiance*, mais surtout de *discorde ;* c'est l'arme dont useront, aussitôt qu'elle sera forgée, et les chambres syndicales et les personnalités bruyantes qui auront besoin d'un tremplin pour y exécuter leurs tours de Jocrisses politiques.

Devant ce nouveau texte, qui peut douter ? Toutes les exploitations de mines, *carrières souterraines ou à ciel ouvert*, auront un délégué ou un suppléant ; cependant les exploitations au-dessous de 25 ouvriers pourront être dispensées et celles au-dessus de 250 seront divisées en sections.

Là on revient à la logique en y mettant toutes les exploitations souterraines et à ciel ouvert : à quand les autres ?

Les délégués pourront *visiter les machines*, ce qui répond, suivant un ingénieur-député, que sa grandeur n'attache pas au rivage, puisqu'il envoie de la copie à la *France*, ce qui répond, écrit-il, en se congratulant, à une grave préoccupation depuis l'accident survenu aux mines de Villebœuf (Loire), où six hommes ont été écrasés aux poulies par un renversement de la marche de la machine.

Ils auront donc la science infuse vos délégués, M. l'ingénieur, et même le don de double vue ? Nous voulons bien admettre qu'ils se connaîtront en mécanique, ce dont cependant nous doutons fort, car ce n'est *pas en tapant à la veine* qu'on apprend le fonctionnement des machines à vapeur, il est vrai que vos délégués ne doivent guère souvent taper à la veine ; enfin passons, mais où la dose est trop forte, c'est de vouloir nous faire avaler qu'un délégué, eût-il visité la machine cinq minutes avant l'accident, pouvait le prévenir : c'est là un cas fortuit, comme il y en a 99 p. 100, que l'on ne peut que déplorer, mais non prévenir. Il faut, M. le député, pour leur débiter de pareilles sornettes, que vous pensiez que les lecteurs de la *France* soient bien... comment dirions-nous pour n'offenser personne?... jobards. Cela ne peut offenser ; c'était le nom d'un homme de mérite qui rirait bien s'il pouvait lire, dans l'autre monde, toutes ces palinodies.

Dans les rapports entre les délégués, exploitants et ingénieurs des mines, on ajoute que ceux-ci auront toujours le droit de se faire accompagner par le délégué de la section.

De la sorte, en cas de conflit ou de grève, le parti, tenant les exploitants en échec, aura toujours deux yeux et deux oreilles pour voir et entendre, et une langue pour transmettre ses réclamations.

Est-on enfin convaincu que la loi est un instrument de lutte visant l'exploitant ?

Autre innovation : tout le monde vote ; les ouvriers du jour avec ceux du fond.

Il ne faut plus avoir que vingt et un ans, être Français, jouir de ses droits politiques et être inscrit sur la dernière liste de paie avant le décret de convocation pour être électeur. C'est le suffrage universel de la mine.

Pour être éligible : avoir vingt-cinq ans, être français, avoir ses droits politiques, pas de condamnation et avoir séjourné un an au fond de la section. Avant on exigeait deux ans ; on finira par demander quinze jours.

Les anciens ouvriers plus que jamais sont éligibles, même n'ayant travaillé qu'un an au fond.

Le payement conserve son ancien mode ; mais on sent que ce sera là le grand champ de bataille.

Tout le monde, même les partisans les plus acharnés des délégations, comprend tout ce qu'il y a de choquant dans ce payement par l'exploitant. On cherche la formule pour avoir de véritables délégués ayant des droits créés par la loi, *ne relevant que des travailleurs.*

C'est bien simple pourtant : que les mineurs les paient, ce seront réellement leurs délégués, ne relevant que d'eux ; jusque-là, on aura beau dire et beau faire, ils ne seront que le produit incestueux de la carpe et du lapin.

Il n'y aura plus à douter non plus que la surveillance sera le cadet de leurs soucis : leur occupation constante sera d'animer l'ouvrier contre l'exploitant, de créér la désunion, et d'amener le péril par le mépris de la discipline.

La situation sera plus franche et plus nette pour tous. L'exploitant saura que c'est un ennemi qu'on introduit de force chez lui, et nos législateurs verront enfin à quelle triste besogne on les emploie.

Et, un homme qui a la prétention, au moins le croyons-nous, de se croire sérieux, ose écrire que ce sera là l'école des hommes de l'avenir, le corps d'élite d'où sortiront les génies qui réaliseront l'utopie de la mine aux ouvriers ; et vingt mille gobeurs iront répéter cela sans y comprendre un traître mot : ne l'auront-ils pas lu dans leur journal ?

Faire un stage comme délégué mineur suffira à donner aux ouvriers, qu'on investira de ces nobles fonctions, un certificat de capacité, devant lequel pâliront ceux qui n'émanent que de l'école de Paris, de l'école Centrale ou de celle de Saint-Étienne , et ils conduiront leur mine tout comme les autres : allons, tous les fous ne sont pas encore à Charenton ou à Sainte-Anne.

Un article si admirablement troussé, si profondément pensé, ne pouvait se terminer que par cette phrase pyramidale : *Le droit, pour les travailleurs, de contrôler eux-mêmes les conditions matérielles de travail dans leurs ateliers.*

Mais, ô candide député, ô innocent ingénieur, ce droit ils l'ont toujours eu, quand les conditions matérielles ne leur convenaient pas, ils ont toujours été libres de s'en aller : on ne les retenait pas de force.

Puis on conclue : c'est un commencement de *self-government* ouvrier. Comme tout le monde n'est pas tenu de savoir l'anglais, nous traduirons pour les ignorants : *C'est le commencement de l'anarchie ouvrière.*

Et nous pourrons affirmer que c'est l'ère du socialisme qui s'ouvre : il n'y a pas besoin pour cela d'avoir recours à la méthode expérimentale.

5

Les expériences ont été faites, bien aveugles qui ne veut pas les voir.

DÉLÉGUÉS MINEURS DEVANT LES CHAMBRES SYNDICALES

Il nous reste à exposer les observations des délégués des chambres syndicales réunis en congrès le 6 janvier 1886.

Dans l'article 1er, accolé au projet du Sénat, il est demandé un délégué mineur par puits dans toutes les exploitations minières, lequel pourra être nommé dans un ou plusieurs puits ne dépassant pas ensemble deux mille ouvriers travaillant à l'extraction.

De par l'article 2, sont électeurs tous les ouvriers au fond, Français, jouissant de leurs droits électoraux politiques, âgés de 21 ans, attachés à l'exploitation avant le décret de convocation.

Cette prétention est acceptée dans le dernier projet de la Chambre en y ajoutant comme électeurs tous les ouvriers du jour. Seulement on a écarté le droit pour un délégué de pouvoir l'être dans plusieurs puits jusqu'à concurrence d'une représentation de 2,000 ouvriers.

Les délégués des ouvriers mineurs, reprenant en sous-œuvre l'ancien projet présenté à la Chambre des députés, veulent faire du délégué mineur un être puissant, pouvant, au nom du suffrage universel, combattre l'influence de l'ingénieur des mines et de l'exploitant ; pour lui, ce n'est pas la surveillance qu'ils veulent obtenir, ce n'est que le prétexte ; c'est l'homme politique qu'ils veulent créer, comme si les préoccupations politiques n'étaient pas funestes surtout à la classe ouvrière. Puis, quand ils auront obtenu cet avantage, nous verrons le délégué mineur réclamer le privilège de veiller, au nom de la Nation, sur la richesse enfouie dans les entrailles de la terre, et, armé de ce droit, il pourra ruiner l'exploitant en le forçant à extraire de la houille ou du minerai ne représentant pas la valeur de la main-d'œuvre. Ce jour-là, il sera le maître de la mine.

Voilà où veulent en venir les chambres syndicales. On a rentré le premier projet pour essayer d'en exécuter la première partie ; en attendant la minute propice pour l'exécuter tout entier.

Sont éligibles, à la condition de savoir lire et écrire, tous les électeurs et les anciens mineurs du fond âgés de 25 ans.

Les articles 3, 4, 5, consacrés aux élections, ne sont pas sensiblement modifiés ; les articles 6 et 7 du Sénat sont acceptés.

L'article 8, relatif aux devoirs et obligations des délégués mineurs, stipule qu'ils doivent au moins deux fois par mois visiter les galeries, chantiers, etc ; *qu'ils sont libres de descendre et monter à toute heure de la journée, selon les exigences de leurs travaux.*

Cet article, qui maintient la pénalité contre les exploitants, supprime celle pouvant atteindre les délégués, de sorte qu'ils sont immuables dans leur fonction, quoi qu'ils puissent dire ou faire.

Enfin, par l'article 12, les délégués seront payés par un appointement mensuel fixé par l'ingénieur de l'Etat et à la charge de l'Etat.

Il est parfaitement certain que les anciens mineur qui auront été chassés d'une exploitation pour une cause quelconque seront les plus acharnés à rechercher les fonctions de délégué mineur et seront les moins propres à en remplir l'office. Si l'on peut admettre qu'un ouvrier vivant toujours dans la mine, sachant ce qui s'y fait, puisse rendre quelques services d'information, il n'en peut être de même de l'ancien ouvrier qui y descendra deux fois par mois. Il est parfaitement certain que c'est un ennemi de l'exploitant que l'on nomme, non pour chercher à préserver la vie de ses électeurs, mais bien pour créer à l'administration de la mine tous les ennuis possibles.

Nous voilà tout à fait en dehors de l'esprit de la loi que l'on veut fonder; bien loin surtout de cet esprit de conciliation et d'apaisement qu'on nous promettait; mais nous touchons bien du doigt les personnalités bruyantes qui seront plus propres aux agitations du dehors qu'à la surveillance des travaux.

Nous avons dit déjà que le délégué certainement sortirait de son rôle, même si la loi l'y can-
tonnait ; or, l'article 8 l'émancipe, proclame son
indépendance absolu vis-à-vis de l'exploitant. Ce
n'est plus un surveillant qui circule dans les puits
et galeries, c'est un maître qui commandera
comme si c'était l'ingénier qui fût en tournée
d'inspection.

Le délégué se croira d'une autre pâte que ses
subordonnés d'aujourd'hui, ses égaux d'hier. Demain ce sera un bourgeois, devenu bourgeois
en montant sur les épaules des dupes qui lui auront facilité l'escalade : il aspirera au conseil général, à la députation, au Sénat même.

Enfin payé par l'Etat, assermenté par lui, il se
croira l'égal de l'exploitant, de ce maître exigeant, qui l'a peut-être flanqué à la porte avec
tous les égards qu'il méritait sans doute à plus
d'un titre.

Supérieur à l'ingénieur, au préfet, au ministre,
un homme immuable, puisque la sanction qui
pouvait s'exercer contre lui a été supprimé au
projet de loi : le délégué mineur est un être im-
peccable, que rien ne peut atteindre : ainsi le
veulent les chambres syndicales.

Avons-nous besoin de répéter ce que déjà nous
avons dit : les délégués mineurs sont une arme
politique de la part des meneurs ; une arme à
deux tranchants pour les chambres syndicales.

POSITION DU DÉLÉGUÉ MINEUR

Aussitôt après l'élection qui l'a sacré grand homme, que va faire le délégué?

Tróis routes s'ouvrent devant lui :

Etre l'homme des sociétés; mangeant à la chèvre exploitation et au chou administratif; se faisant humble, petit dans son coin : un vrai rat dans son fromage de Hollande;

Etre indépendant, position qui lui assurera l'inimitié des deux parties : les patrons et les chambres syndicales ; destiné à succomber dans la lutte, abreuvé de déboires et de dégoûts ;

Etre l'homme des électeurs et des chambres syndicales, ce qui lui ouvrira la popularité et en même temps le chemin des honneurs; en lutte constante avec l'administration de la mine, peut-être même avec celle de l'Etat.

Dans tous les cas, position intolérable, où tiré par les uns, calomnié par les autres, vilipendé par le plus grand nombre, il n'aura ni trêve ni repos.

Cette position ne peut convenir qu'aux énergumènes des clubs qui feront sombrer l'institution sous les scandales qu'ils occasionneront, les inepties qu'ils commettront et les malheurs qu'ils sèmeront sous leurs pas.

CONCLUSION

Sommes-nous arrivés à démontrer que la loi sur les délégués mineurs est inutile et dangereuse, ce que nous voulions prouver ; qu'elle est une arme contre notre production houillère qu'elle peut conduire à la ruine ; s'il est ainsi, on trouvera tout naturel que nous proposions de faire une montagne de toutes les paperasses de la Chambre des députés, du Sénat et des chambres syndicales, d'y mettre le feu, de ne plus parler de cette stupide et idiote création, et de se remettre bien vite au travail pour tâcher de diminuer de quelques centimes nos prix de revient afin de tenir tête aux Allemands, aux Belges et aux Anglais.

On ne peut trouver le bien-être que par le travail.

C'est le vœu le plus ardent de notre cœur : hélas ! pourvu que, comme Cassandre, nous n'ayons pas prêché dans le desert.

TABLE DES MATIÈRES

Imprimerie de Poissy. — S. Lejay et Cⁱᵉ.

A LA MÊME LIBRAIRIE

Les associations coopératives en France et à l'étranger, par
P. Hubert-Valleroux, avocat, docteur en droit. 1 vol.
in-8° . . . . 8 fr.
Ouvrage couronné par l'Académie des sciences morales et politiques.

Les corporations d'arts et métiers et les Syndicats professionnels
en France et à l'étranger, par le Même. 1 vol. in-8°. 7 fr. 50

Les Syndicats professionnels, leur rôle historique et économique avant et depuis la reconnaissance légale. La loi du
21 mars 1884, par Émile Renaud 1 vol. in-18 . 3 fr. 50

J. Bodin et son temps, Tableau des théories politiques et des
idées économiques au seizième siècle, par M. Henri Beau-
drillard, professeur au Collège de France, membre de
l'Institut. 1 fort volume in-8° . . . . 7 fr. 50

Histoire de l'association commerciale, depuis l'antiquité jusqu'aux temps actuels, par Ernest Faignet, docteur en
droit, ancien avocat au Conseil d'État et à la Cour de
cassation . . . . 7 fr. 50

Histoire du communisme, ou réfutations des utopies socialistes,
par M. A. Sudre. 5ᵉ édition. 1 fort vol. grand in-18. 3 fr. 50
(Fait partie de la Bibliothèque des Sciences morales et politiques.)

Observations sur l'état des classes ouvrières, par M. Théodore Fix.
1 vol. in-8° . . . . 5 fr.

Du progrès social au profit des classes populaires non indigentes,
suivi du plan d'une réorganisation disciplinaire des classes
industrielles en France, par M. F. De la Farelle, membre
correspondant de l'Institut. 2ᵉ édition. 1 beau vol. in-8°. 5 fr.

Les associations ouvrières, Étude sur leur passé, leur présent,
leurs conditions de progrès, par J.-C. Paul Rougier,
docteur en droit, avocat à la Cour d'appel de Lyon. 1 vol.
in-8° . . . . 6 fr. 50

Essai sur l'organisation du travail et l'avenir des classes
laborieuses, par M. Théodore Morin, ancien député de la
Drôme. 1 fort vol. in-8° . . . . 7 fr.

Études sur Colbert, ou Exposition du système d'Économie
politique suivi en France de 1651 à 1683, par M. Félix Jou-
bleau. 2 vol. in-8° . . . . 12 fr.
Ouvrage couronné par l'Académie des sciences morales et politiques,
en janvier 1856.

Histoire des classes agricoles en France, par M. C. Dareste
de la Chavannet, professeur d'histoire à la Faculté des
lettres de Lyon. 2ᵉ édition, entièrement refondue et beaucoup
augmentée. 1 fort vol. in-8° . . . . 7 fr. 50

Histoire des classes rurales en France, et leurs progrès dans
l'égalité civile et la propriété, par M. Henry Doniol, correspondant de l'Institut. 2ᵉ édition. 2ᵉ tirage. 1 vol. in-8°. 7 fr. 50
Première Partie : Condition juridique et économique du village agricole.
Deuxième Partie : Développement civil et social des classes agricoles sous
l'administration monarchique.

Appel aux travailleurs. — La loi sur les Syndicats professionnels
et l'association coopérative, par C. Lebrun. Br. in-8°. 50 c.

www.ingramcontent.com/pod-product-compliance
Ingram Content Group UK Ltd.
Pitfield, Milton Keynes, MK11 3LW, UK
UKHW020021100726
13658UKWH00003B/1017